文渊 管理学系列

商业伦理与企业社会责任

Business Ethics and Corporate Social Responsibility

徐月华 编著

机械工业出版社
CHINA MACHINE PRESS

本书致力于新时期经济大发展阶段商业伦理与企业社会责任的战略和领导力的阐释，以激发与培养读者的战略性、批判性和创造性思维为原则，努力实现全球和本土融合、跨学科融合、理论和实践融合。全书共分为4篇，包括8章内容，第1篇主要讲商业伦理与企业社会责任概述，第2篇重点聚焦于社会责任战略与伦理型组织变革，第3篇突出治理机制设计与领导力培养，第4篇重点探讨新时代社会责任面临的机遇和挑战。全书涵盖商业伦理与企业社会责任的不同方面，旨在为读者提供全面的理论和实践指导。

本书适用于普通高等院校管理学类、经济学类专业学生的商业伦理学或企业责任课程教学，也可作为MBA、MPAcc等专业学位研究生的相关课程教材，还可作为企业管理者的参考读物。

图书在版编目（CIP）数据

商业伦理与企业社会责任 / 徐月华编著. -- 北京：机械工业出版社, 2024.10. -- （文渊·管理学系列）. ISBN 978-7-111-77016-9

Ⅰ. F718；F272-05

中国国家版本馆 CIP 数据核字第 20247RJ120 号

机械工业出版社（北京市百万庄大街22号 邮政编码100037）
策划编辑：吴亚军　　　　　　　责任编辑：吴亚军　贾　萌
责任校对：李　霞　李可意　景　飞　责任印制：任维东
天津嘉恒印务有限公司印刷
2025年1月第1版第1次印刷
185mm×260mm · 11.75 印张 · 2 插页 · 151 千字
标准书号：ISBN 978-7-111-77016-9
定价：49.00 元

电话服务　　　　　　　　　　　网络服务
客服电话：010-88361066　　　　机　工　官　网：www.cmpbook.com
　　　　　010-88379833　　　　机　工　官　博：weibo.com/cmp1952
　　　　　010-68326294　　　　金　书　网：www.golden-book.com
封底无防伪标均为盗版　　　　　机工教育服务网：www.cmpedu.com

文渊
管理学系列

「师道文宗 笔墨渊海」

文渊阁 位于故宫东华门内文华殿后，是故宫中贮藏图书的地方，中国古代最大的文化工程《四库全书》曾经藏在这里，阁内悬有乾隆御书"汇流澄鉴"四字匾。

文渊 管理学系列

作者简介

徐月华 山东大学教授、博士生导师，齐鲁青年学者，战略与创新创业系主任，山东省教育厅青年创新团队带头人，国家社科基金重点项目首席专家。主要研究领域包括战略管理、企业社会责任、中国特色治理机制、战略领导力、乡村企业，已在《管理世界》、Organization Science、Strategic Management Journal、Journal of Management、Journal of Business Ethics、npj Urban Sustainability（Nature 子刊）等国内国际顶尖学术期刊发表了多篇论文。主持和参与多项国家级项目，其中主持完成的国家自然科学基金项目结题被评为"特优"。主导和参与开发的教学案例获得"中国工商管理国际最佳案例奖提名奖""全国百优案例"等奖项。

担任 Asia Pacific Journal of Management、Management and Organization Review 期刊编委。兼任中国企业管理研究会中国式管理专委会常务理事、中国企业管理伦理协会理事、中国企业管理研究会社会责任与可持续发展专业委员会理事、中国行政体制改革研究会理事、山东省青年社会科学工作者协会常务理事等，同时兼任国家社会科学基金评审专家、国家自然科学基金评审专家、教育部学位中心硕士博士论文评审专家。为包括国家电网、广发银行、海斯比等在内的多家企业提供过咨询服务。

本书编写获得国家自然科学基金（72172075）和山东省高等学校青创科技计划创新团队项目（2021RW013）资助。

PREFACE 前 言

欢迎阅读和使用《商业伦理与企业社会责任》!

在当前全球百年未有之大变局的形势下,人类社会面临许多重大挑战,如气候变化、环境污染、贫穷、社会不平等诸多问题,这些全球性问题需要世界各国协作,共同努力来解决。企业作为社会经济的重要组成部分,承担着巨大的责任和发挥着重要的影响力。

同时,在我国的发展背景下,全社会对企业社会责任的期望也在不断增加。随着经济的高速发展和社会的不断进步,人们对企业的伦理道德和社会价值观有了更高的要求。他们希望企业能够更加关注环境保护、员工权益、社会公益等方面,不仅要追求经济利益,还要通过可持续的商业模式来实现经济、社会和环境的平衡发展。

在此背景下,《商业伦理与企业社会责任》这本教材的意义就更加重要了。

教材内容上的特点

本教材在内容上具有以下特点,以确保读者能够获得最大的学习收益。

第一,本教材主要讲的是商业伦理与企业社会责任的战略和领导力。不同于其他类似教材仅聚焦于微观的商业伦理或企业社会责任的战术,本教材将伦理与社会责任上升到企业长远战略的高度,从理论和实践出发,探讨商业伦理与企业社会责任为什么重要;同时,从中高层领导者的视角探讨如何设计企业社会责任战略、完善企业治理机制以及培养领导力。这样具有很强代入感的学习体验将帮助读者更透彻地理解商业伦理和企业社会责任,并为未来的实践提供理论指导和知识储备。

第二,本教材编写的原则是激发和培养读者的战略性、批判性和创造性思维。

本教材鼓励读者积极思辨和探索，挑战传统观念，提出自己的观点，深入思考所学知识，提出创造性的解决方案，并付诸实践。我们相信，通过培养战略性、批判性和创造性思维，读者将深刻理解企业社会责任的复杂性，形成独特的见解，并提高解决问题的能力。

第三，本教材实现了三个有效融合：全球和本土融合、跨学科融合、理论和实践融合。本书在涵盖国际前沿理论的同时，也尊重本土经验和实践，旨在帮助读者获得全球视野的同时，也结合本土的特定环境和文化因素，以便能够更好地适应和应对本土的挑战。例如将社会主义公平正义、儒家的"修身齐家治国平天下"观、矛盾领导力、善用"势"推动变革等中国特色管理思想的最新研究成果收入教材。本书融合了战略管理、领导力、伦理学、哲学、社会学、经济学、心理学等多个学科的相关知识。此外，本教材不仅有深度的理论分析，还有前沿的实践指导。这些融合有助于读者从多个角度审视商业伦理和企业社会责任，并更好地将所学知识应用于实践。

第四，本教材增加了对当前全球和我国热点问题的深入讨论。涵盖了环境可持续性、社会公正、多样性和包容性、独立董事制度的改革、伦理型组织变革、社会创新、社会企业和社会创业、农民专业合作社的发展以及数字伦理挑战等热点。希望通过这些讨论，提高读者思考复杂问题的能力，并激发创新解决方案的灵感，让读者更深入地理解企业在商业伦理和社会责任方面的决策与行动。

教材形式上的特点

本教材在形式上具有如下特点，以确保读者能够更好地学习和理解内容。

第一，融合全球和本土思维。既有全球理论基础，也有本土理论基础；既有全球热点，也有本土热点；既有基于全球情景的实践建议和指导，也有基于本土国情的实践建议和指导；既有全球案例，也有本土案例。

第二，列举了大量案例。每一章都有引导案例、讨论案例，以及章中穿插的小案例。引导案例也属于小案例，在章节的中间或后面部分会揭示答案或给出建议。讨论案例一般为开放式的大案例，需要读者综合利用该章知识去思考解决方案。

第三，提供了拓展阅读。教材的每一章还配有1~2个拓展阅读。这些拓展阅读包括最新的案例研究、行业报告、社会调查等，不仅提供了额外的知识内容，还能够深入相关主题，并引导读者在更为广阔的领域中进一步学习和研究。

第四，多样化的表达方式。除了文字叙述外，本教材还结合了表格、图示、统计数据等多种形式进行表达，以更直观地呈现信息，帮助读者更快地理解和记忆相关概念与知识。

第五，注重知行合一。本教材精选了众多真实案例，能让读者直面真实的决策难点和伦理困境。通过对案例中的实际情境进行分析和讨论，读者能够深入理解理论与实践的结合点，并从中提取经验、提炼教训，从而在面对类似挑战时能够做出更加明智的决策。

章节内容

本书共分为4篇，包含8个章节，每一篇章都涵盖了商业伦理与企业社会责任的不同方面，旨在为读者提供全面的理论和实践指导。

第1篇是商业伦理与企业社会责任概述。其中，第1章介绍了相关的概念及其重要性，能帮助读者建立一个全面的认知框架。接下来，第2章探讨了相关理论和基础知识，读者可以深入了解商业伦理与企业社会责任的基础。

第2篇聚焦于社会责任战略与伦理型组织变革。其中，第3章聚焦于制定和实施社会责任战略，详细讲述了如何将社会责任融入企业的核心战略和运作过程。第4章重点关注伦理型组织变革，详细讲述了如何推动企业进行负责任的变革，以更好地向可持续的方向发展。

第3篇包含两章，聚焦于治理机制设计与领导力培养。第5章探讨了治理难题与治理机制设计，详细讲述了企业如何在组织内建立有效的治理结构，从而帮助企业更快推动社会责任的落实。伦理与责任领导力是成功的企业实践的重要驱动力，第6章探讨了领导者在商业伦理与企业社会责任中应扮演的角色和应做出的行为，帮助企业更好地培养负责任的领导者。

第4篇转向新时代社会责任面临的机遇和挑战。其中，第7章将带读者探寻社会创新和创业的领域，探讨如何更好地通过创新和创业解决问题。数字化时代给商业伦理与企业社会责任带来了新的挑战，第 8 章聚焦于可能出现的数字伦理问题，并提供应对这些问题的方法和对策。

此外，本教材还为读者提供了附录，该部分包括企业制定社会责任和可持续发展战略的参考资料、员工测评的企业社会责任量表、伦理型领导自测／他测问卷、责任型领导自测／他测问卷，以及中国企业 ESG 报告评级指标。

适用范围

本教材是专为给经济、管理类各专业的本科生、研究生开设的商业伦理或企业社会责任课程而编写的。本教材在内容方面兼具系统性、前沿性、战略性、理论性、实践性和思辨性等特点，也适合作为 MBA、EMBA 及各类管理人员的培训教材。

我们相信，通过学习这本教材，读者将会获得有关商业伦理和企业社会责任的深厚的理论知识，并能运用这些知识在今后面临挑战时做出明智的决策。我们希望这本教材能够激发读者的思考和创新，并且成为读者成功实践企业社会责任的指南。

致谢和服务

本教材在编写过程中参阅了大量优秀的国内外文献，我们已经在当页下面的脚注中加了引用标注，并尽力做到与正文的相应文字一一对应，在此向文献的作者表示衷心感谢。

本教材的成功定稿，得益于本科和 MBA 相关课程教学团队伙伴的指导与努力，也得益于多位同学的帮助。王嘉奇同学帮助整理了本书第 3～8 章的图表；董俊杰、何宜宸、腾飞杨、卢玮、董若言分别帮忙整理了第 4～8 章中来自《哈佛商业评论》上的一些案例和资料；郝毓婷同学帮忙整理了 PPT，隋宜珂同学对教材的结构提出了一些建议。特此感谢！

展望与期望

教材建设是一个不断完善和更新的过程。我们将持续努力，与学术界和实践领域的专家保持紧密合作，积极倾听读者的反馈和建议，不断创新教学方法和更新辅助资料，以提供质量高、实用性强的教材，帮助读者更好地理解、应用和践行企业社会责任。

青山遮不住，毕竟东流去！吾辈当坚定脚步，奋力前行。

徐月华

2024 年 5 月

目录 CONTENTS

作者简介
前　　言

第1篇
商业伦理与企业社会责任概述

第1章　商业伦理与企业社会责任导论　3
  1.1　世界的变化与挑战　4
  1.2　企业和领导者的责任与使命　5
  1.3　商学院的责任与使命　9
  1.4　企业社会责任和商业伦理的基本概念　10
    1.4.1　各个概念的特点　10
    1.4.2　社会责任的定义　12
    1.4.3　社会责任的范畴　14
  1.5　伦理和社会责任问题及其产生的根源　15

第2章　理论与基础　19
  2.1　社会责任的社会基础　20
  2.2　社会责任的哲学基础　21
    2.2.1　早期的公平正义观　21
    2.2.2　功利主义公平正义　23
    2.2.3　罗尔斯的正义论　25
    2.2.4　社群主义正义观　29
    2.2.5　社会主义公平正义　31
  2.3　社会责任的理论基础　32
    2.3.1　利益相关者理论　32
    2.3.2　三重底线理论　33
    2.3.3　儒家的"修身齐家治国平天下"观　35
  2.4　社会责任的制度基础　36
  2.5　社会责任的现实基础　39

第2篇
社会责任战略与伦理型组织变革

第3章　社会责任战略　43
  3.1　社会责任与竞争力　44
    3.1.1　履行社会责任能否带来竞争力　44
    3.1.2　履行社会责任能否提升财务绩效　47
  3.2　企业社会责任战略的制定　48
    3.2.1　将社会责任刻进企业的愿景陈述和价值观　48
    3.2.2　利益相关者识别　50
    3.2.3　社会问题选择　53
  3.3　企业社会责任战略的实施　55
    3.3.1　价值链社会责任战略　55
    3.3.2　利益相关者互动与合作　56
  3.4　企业社会责任绩效的评估　58
    3.4.1　定性评估　58

3.4.2 定量评估 60

第 4 章 伦理型组织变革 63
   4.1 伦理与责任触发企业变革 64
   4.2 组织变革的阻力 68
   4.3 变革中的伦理与责任 70
   4.4 善用"势"推动变革 73
   4.5 提高伦理型变革能力 75
      4.5.1 培养企业的怀疑能力 75
      4.5.2 建立弹性企业组织 77
      4.5.3 建立伦理型变革团队 78

第 3 篇
治理机制设计与领导力培养

第 5 章 治理难题与治理机制设计 85
   5.1 公司治理难题 86
      5.1.1 降不下来的高管薪酬 86
      5.1.2 屡禁不止的财务舞弊 88
   5.2 治理问题产生的原因 89
   5.3 传统公司治理机制的设计 91
      5.3.1 激励性薪酬 91
      5.3.2 独立董事 93
   5.4 有效治理的机制与结构设计探讨 95
      5.4.1 我国董事制度的改革 95
      5.4.2 设立合规和可持续发展部门 99

第 6 章 伦理问题与领导力 101
   6.1 伦理矛盾与陷阱 102
   6.2 歧视与多样性 103
      6.2.1 歧视的形式与种类 103
      6.2.2 歧视产生的原因 104
      6.2.3 多样性的益处 105
      6.2.4 如何促进多样性 106
   6.3 打破权力悖论 107
   6.4 利益相关者时代的领导力 111
      6.4.1 改变思考方式 111
      6.4.2 整体价值创造 112
      6.4.3 矛盾领导力 114
   6.5 伦理型与责任型领导者的培养 116

第 4 篇
新时代社会责任面临的机遇和挑战

第 7 章 社会创新与创业 123
   7.1 追求双重目标的企业 124
   7.2 社会创新 126
      7.2.1 社会创新的重要性和特点 126
      7.2.2 社会创新的经典案例 128
      7.2.3 社会创新的过程 130
      7.2.4 社会创新的商业模式 132
   7.3 创业形式的选择 134
   7.4 社会企业 137
      7.4.1 社会企业的特点 137
      7.4.2 典型的社会企业家 139
      7.4.3 农民专业合作社 142
      7.4.4 社会企业如何平衡双重目标 143

第 8 章 数字伦理挑战 147
   8.1 数字化与人工智能的伦理问题 148
      8.1.1 概述 148
      8.1.2 工作被机器或人工智能代替问题 150
      8.1.3 互联网平台的剥削问题 151
      8.1.4 数据泄密问题 152
      8.1.5 人工智能的偏见问题 154

8.1.6 互联网平台的垄断 155
8.2 问题产生的原因 156
  8.2.1 数据产权的模糊性 156
  8.2.2 数字化双刃剑：是降低还是增强了信息不对称 157
8.3 数字化和人工智能伦理问题的解决办法 161
  8.3.1 现有解决方案及其缺陷 161
  8.3.2 相关法律法规的推行 162
  8.3.3 人工智能伦理委员会 164
8.4 平台企业社会责任 165
  8.4.1 平台企业的多重属性 165
  8.4.2 平台企业社会责任实践的四种范式 167
  8.4.3 平台企业社会责任实践范式的动态演化 169

附录

附录Ⅰ 企业制定社会责任和可持续发展战略的参考资料 174
附录Ⅱ 企业社会责任量表（员工测评） 175
附录Ⅲ 伦理型领导自测/他测问卷 177
附录Ⅳ 责任型领导自测/他测问卷 178
附录Ⅴ 中国企业ESG报告评级指标 179

PART 1 第1篇

商业伦理与企业社会责任概述

第 1 章 商业伦理与企业社会责任导论

■ 教学目标

1. 世界的变化与挑战
2. 企业和领导者的责任与使命
3. 商学院的责任与使命
4. 企业社会责任和商业伦理的基本概念
5. 伦理和社会责任问题及其产生的根源

> 社会犹如一条船,每个人都要有掌舵的准备。
> ——易卜生

■ 引导案例

小丁是一名刚刚毕业的大学生,毕业之后进入某大型企业集团的战略规划部。在搜集好相关资料,对各类同行企业以及供应商和客户企业的行为进行初步了解后,他感到困惑。令他困惑的问题包括:

- 某企业自身经营有一定的困难,却向灾区人民捐款,这是否值得提倡?
- 一些企业在做坏事的同时也在做好事,这些能相互抵消吗?
- 当曾帮助过你的领导要求你做一些违背伦理的事情时,该怎么回应?
- 企业在进行数字化变革、提高效率的同时不得不裁员,这样是否不道德?

- 当企业领导人做出违背法律或伦理道德的行为时，员工是否应该举报？
⋮

请思考： 对于上述小丁的困惑，你有什么好的建议？

1.1 世界的变化与挑战

世界变化一日千里。20世纪90年代，打电话还主要靠座机，只有少数人持有大哥大，笨重且昂贵，颜色多以黑色为主。今天，智能手机、iPad、笔记本电脑、台式电脑等随处可见，成为大学生、白领、金领等必不可少的学习、工作和交流的工具。交通工具也迅猛发展。如我国的高铁，从北京到上海，最快的高铁只需四个多小时，一天可以完成一个来回，这在30年前是难以想象的。与此同时，我国的企业也发展迅速。在21世纪初，世界500强企业中中国企业的数量还只是个位数。而今天，来自我国的世界500强企业已相当多。

然而，在人类社会整体进步的同时，全球社会却面临着来自经济环境、政治环境、自然环境的巨大挑战。特别是近年来地缘政治斗争比较激烈，全球化遇到挫折，一些国家的贸易保护主义又开始抬头，逆全球化趋势明显。新冠疫情给各国社会经济、生命安全带来了巨大的挑战。俄乌冲突、巴以冲突改变了全球的政治经济秩序，政治军事冲突极大地影响了相关国家的经济和企业的发展。全球气候变暖加速，极端天气频发，严重影响了全球经济、社会和自然生态环境。

这些变化给企业和个人也带来了很大挑战。例如，受逆全球化和大国博弈的影响导致的全球产业链的重构，使许多企业因此陷入进退两难的境地。它们在是否应该采取反倾销措施，如何应对反倾销诉讼，是否撤出某个国家市场，在裁员时该如何妥善安置员工等问题上纠结不已。此外，人工智能的迅速发展也引发了很多人的担忧，担心未来自己的工作会被取代。企业也面临着是否需要进行数字化变革等重要决策问题。

新加坡国立大学的傅强教授总结得很好，令人眼花缭乱的科技创新掀起对工业革命的无限遐想，却又在人群中播种焦虑与惶恐。互联网的渗透并未创造开放的社会，却让信息茧房变得牢不可破。经济增长并未能带来普惠与包容，反而固化了阶层的割裂、唤醒了民粹的幽灵。多极化的发展带来了收入的广泛提升，却在瓦解"二战"后建立的世界秩序与多边治理体系。全球经济的深度融合并未实现价值观的和解，反而引发了民族主义的回归。人工智能飞跃式的发展、极端天气的常态化等人类共同面对的挑战，不但未能号召建立统一的阵线，反而在加剧国家之间的矛盾与竞争。我们在时代洪流的裹挟下身不由己，在地缘政治的夹缝中无处可逃。⊖

1.2 企业和领导者的责任与使命

事实上，面对上述变化和挑战，企业并非完全无辜，也并非无能为力。

一方面，一些企业可能是许多问题和挑战的参与者，甚至是制造者。商业伦理和企业社会责任问题频发，给社会可持续发展带来了挑战。例如，一些企业及其员工滥用用户数据，严重侵犯了个人隐私权。某些大型众包平台利用互联网算法，经常克扣快递员、外卖员等人的收入，引发社会关注。一些企业的违法排污和违规经营导致环境污染，造成了生态危机。更有甚者，某些国家的军火商为了追求利润，甚至不惜游说政府，挑起国家间的战争。

另一方面，仔细审视世界500强榜单，我们会发现尽管环境在不断变化，也有许多企业从未跌落过榜单。如沃尔玛公司连续10年占据世界500强榜单的榜首，是全球最大的公司之一，其收入规模甚至与一个中等规模国家（如泰国）的GDP相当。还有一些企业通过投资新能源技术、药品研发等领域，为保护环境、实现可持续发展和增进人类福祉做

⊖ 资料来源：https://zhuanlan.zhihu.com/p/658970060。

出了重要贡献。

事实上，正是因为认识到上述两点，如今政府和社会各界对企业的期望已经悄然发生变化。过去，我们仅仅期望企业不违法、不侵权，即使个别企业偷偷排放污染物，我们也视若无睹。而如今，环境保护已经成为我们的共识，各国相继出台相关法律，对环境进行严格保护。同时，人们也期望企业社会责任感更强一点，积极参与减排等工作，积极进行价值共创，以帮助解决各类社会问题。

与此相应，一些社会运动也逐渐兴起，如促进环境保护、保护消费者权益和生产者权益、促进性别平等、减少年龄歧视和种族歧视等运动。这些社会运动在全球许多国家都可以见到。这些社会运动的兴起反映了人们对于更公平、更可持续的社会秩序的追求。

而作为社会主体的企业，毫无疑问，不可忽视这种期望与变化趋势。因此，企业及其领导者需要认真深思：在世界的发展和变化中，自己的责任和使命是什么？只有明确了自己的责任和使命，才能在时代洪流中找到自身的前进方向，从而做到基业长青。

罗莎琳德·托雷斯教授花了25年的时间，在世界500强企业中观察，试图回答：是什么造就了伟大的领导者？她通过对覆盖全球的4 000个公司进行研究，得出了如下结论：在21世纪，成功的领导者需要通过三个方面的考验。[一]

第一个考验是，下一步该走向哪里才能对商业模式或你的生活做出改变？杰出的领导者不会低着头，他们会观察周围环境，会努力塑造自己的未来，而不仅仅只是对它做出反应。

第二个考验是，如何权衡你的社会网络？杰出的领导者应该明白，拥有多样化的社会网络就意味着拥有更多的思考角度和解决方案，因为你能够认识更多和你有着不同思考方式的人。

[一] 资料来源：https://www.ted.com。

第三个考验是,你是否有勇气放弃一种过去使你成功的做法?伟大的领导者勇于改变,他们不是纸上谈兵,而是真的去实践。

如果把托雷斯教授提出的模型应用在分析我们上面提到的应对世界变化的挑战上,我们会发现,企业要想做到可持续发展,也需要回答三个问题,如图 1-1 所示。

首先,我们需要预测变化。可以根据社会和环境变化的要求,识别商业伦理和社会责任的发展趋势,预测其变化。

其次,运用多样化的资源制定应对方案。也就是在预测商业伦理和社会责任发展趋势的基础上,制定合理的社会责任战略,设计合适的治理方案。

最后,我们还需要放弃过去,实施变革。也就是说,我们要采取措施推动组织变革,促进商业伦理和企业社会责任战略的实施。

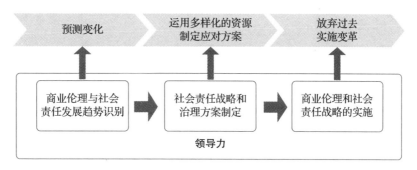

图 1-1　企业社会责任的三个问题

这个过程当然离不开领导力。领导者这个角色很重要,好的领导者不仅自身能做得很好,还能够建立好的部门和组织文化,影响与带动更多的人去践行商业伦理和社会责任,从而推动企业在这些方面做得更好,走得更远,进而实现可持续发展。

在中国文化中,领导者通常被视为成功者,其言行应符合君子的规范。君子是儒家思想中的一种理想人格,要具备高尚的品德、广阔的胸怀和崇高的目标。尤其是，君子应始终坚持修身齐家治国平天下的理念。①

| 拓展阅读 |

2015年9月25日，联合国可持续发展峰会在纽约总部召开，联合国193个成员国在峰会上正式通过17个可持续发展目标。可持续发展目标旨在促进全球社会主体共同努力，从2015年到2030年间，以综合方式彻底解决社会、经济和环境三个维度的发展问题，转向可持续发展道路。这17个可持续发展目标具体包括②：

★ 消除贫困
★ 良好健康与福祉
★ 性别平等
★ 经济适用的清洁能源
★ 产业、创新和基础设施
★ 可持续城市和社区
★ 气候行动
★ 陆地生物
★ 促进目标实现的伙伴关系
★ 消除饥饿
★ 优质教育
★ 清洁饮水与卫生设施
★ 体面工作和经济增长
★ 减少不平等
★ 负责任的消费和生产
★ 水下生物
★ 和平、正义与强大机构

首先，修身是指个人应注重培养自己的品德修养，不断提高道德品质和知识水平。君子应仰不愧于天，俯不怍于人③，也就是问心无愧，坦坦荡荡。领导者应保持良好的行为举止，并以身作则，成为社会的榜样。

其次，齐家是指君子应努力维护家庭和睦和幸福。他们应该尊重长辈，爱护子女，秉持家庭价值观，维护家庭道德和纪律，促进家庭成员的团结合作和共同发展。

---

① 出自《礼记·大学》。
② 内容引用自 https://sdgs.un.org/zh/goals。
③ 出自《孟子·尽心上》。

再次，治国意味着君子应该关心国家大事，参与并为国家的繁荣稳定做出贡献。他们应该遵守法律法规，积极履行公民责任，在各自的工作岗位上尽职尽责，为国家的发展做出积极贡献。

最后，平天下代表君子应该致力于社会公正、和谐与稳定。君子应该关心社会弱势群体的权益，反对任何形式的歧视和不公平待遇。他们应该支持公平正义的法律制度，推动社会和谐稳定发展，增进全体人民的共同福祉和促进社会进步。

1.3 商学院的责任与使命

在过去 20 年里，全球社会一直存在这样的争议：商学院对社会是有害的还是有益的？

一方面，我们看到，很多人才都是商学院培养出来的，他们成为商界乃至各行各业的精英，在推动社会经济发展上起了很重要的作用。

另一方面，我们同样看到，很多有财务舞弊、环境污染等行为的企业，它们的 CEO、CFO、董事长等往往也是商学院毕业的。例如，美国最大的财务舞弊案之一的主角，安然的前 CEO 杰夫·斯基林（Jeff Skilling），毕业于哈佛商学院。

这引起了很多学者的深度讨论。2012 年在波士顿举行的美国管理学会年会上，来自全球多个国家的 10 000 多名管理学者，围绕着"Dare to care"（勇于关爱）这个主题，共同讨论商学院怎样才能增进人类福祉，促进社会公平。会议主席徐淑英教授引导我们去思考：商学院的宗旨是什么？我们应该如何服务和关爱社会而不是危害社会？

詹皮尔罗·皮得里利亚里教授在 2015 年发表在《哈佛商业评论》的一篇文章中呼吁，商学院的课程要成为一种成人礼，塑造人们正确的价值观、信念和好的习惯，造就更多志向远大的领导者。

可是怎样才能做到这一点呢？哈佛大学前校长提出了这样一个观点，我们要改变世界，就需要先改变商学院。这是因为改变了商学院，我们就能培养出更多更好的管理者、领导者，这些管理者和领导者就能够进一步向更好的方向改变整个社会。

与此观点相呼应，《造福世界的管理教育》一书中也指出，管理教育应当履行三项更为深刻远大的基本任务：教育和培养有全球责任感的领导者，促成商业组织为共同利益服务，以及参与企业和经济转型。

这些有全球责任感的领导者，应当如罗曼·罗兰所说的，要追求那真实的功业；要追求对宇宙人生更深远的了解；要追求永远超出狭小生活圈子的更有用的东西。他们更应该如马克·吐温所说的，永远做正确的事，因为这会让一半的人类受益，让另一半震惊（Always do what is right. It will gratify half of mankind and astound the other）。

上述观点同样在我国有深厚的文化基础。儒家经典著作《大学》提出，"大学之道，在明明德，在亲民，在止于至善。"这句话告诉我们，大学的宗旨，在于彰显光明的品德；在于反省并提高自己的道德并推己及人，使人人都能改过自新、弃恶从善；在于让整个社会都能达到完美的道德之境并长久地保持下去。因此，我国商学院更加应该积极承担上述使命，乘风破浪，勇往直前。

1.4 企业社会责任和商业伦理的基本概念

本章开头的案例涉及企业社会责任、商业伦理等多个概念，接下来我们将一一讲解它们的特点，定义和范畴。

1.4.1 各个概念的特点

对于企业社会责任（corporate social responsibility），历史上曾出现过多个相似的概念，例如商业伦理（business ethics），企业公民

（corporate citizenship），企业可持续发展（corporate sustainability），利益相关者管理（stakeholder management），企业社会绩效（corporate social performance）等。

这些概念的侧重点各有不同。例如，尽管都是比较综合的概念，但商业伦理是基于道德规范来判断商业政策、制度和行为的是非对错。[⊖] 企业公民这个概念表明，企业是一个公民，与人一样，企业也是社会的一个重要的主体，所以它也有类似于公民的身份，需要对社会的发展进步，以及社会存在的各类问题负一定的责任。企业义务（corporate accountability）是指让企业为其对人类和地球在非金融方面的影响承担责任的行为，强调企业对内部实践及其能够参与和影响社区的活动等企业公民行为进行审查。这种责任和义务的履行依赖于外部压力，即外部要求企业达到一定标准或解决其行为所产生的后果，企业需要为自己的行为做出合理的解释。

其他一些概念强调的是某一个领域的责任。例如，公司治理（corporate governance）这个概念强调通过内外部监管机制促使企业财务信息公开透明，因此，企业需要好的内部治理结构，也需要配套的外部监督机制。可持续发展涵盖了多个方面，包括社会、环境等各个方面的可持续发展，但更加强调对环境的保护，防止企业对环境造成负面影响。与这个概念非常相近的就是环境管理（environmental management）。此外，还有职业健康与安全（occupational health and safety），强调对员工的健康和安全的关注。

企业社会责任总体来讲是一个综合的概念。随着时代的变化，其内涵和侧重点也在不断发展变化。例如，2015 年联合国可持续发展峰会提出可持续发展的 17 个目标，旨在从 2015 年～2030 年间以综合方式彻底解决社会、经济和环境三个维度的发展问题，转向可持续发展道路。在

⊖ 资料来源：莫申江，王重鸣. 国外商业伦理研究回顾与展望 [J]. 外国经济与管理，2009, 31(7): 16-22+42.

我国，随着"双碳"政策的实施，目前比较流行的概念是 ESG，也就是企业在环境、社会和治理方面的表现。2018 年，党的十九大报告提出实施乡村振兴战略。自此之后，乡村振兴这个概念就变得非常流行，各类企业也积极参与脱贫攻坚，助力乡村振兴，而乡村振兴也与联合国所提出的 17 个目标之一的消除贫困对应。

1.4.2 社会责任的定义

企业社会责任到底是什么？根据阿奇·卡罗尔的定义[⊖]，社会责任是指社会对企业在经济、法律、伦理道德、慈善等方面的期望。这个定义强调的是企业因社会对它的期望而产生的责任。这些责任的重要性和先后顺序不尽相同。卡罗尔认为它们呈金字塔形结构，经济责任是基础，也是占比最大的，法律的、伦理道德的以及慈善的责任依次向上递减[⊖]，如图 1-2 所示。

首先是经济责任，也就是企业需要盈利，这是基础。企业如果不获利，是没法生存的，它存在的基本意义就会被动摇，所以企业首先需要对股东负责，能够生存并且盈利。然后是法律责任，也就是说，企业作为一个企业公民需要遵纪守法，遵守国家的法律法规，不能违法乱纪，这个也很重要。除此之外，是伦理道德责任，即遵守整个社会的道德规范。企业及其领导人、成员等都有义务做符合伦理道德规范的，正确、公正、平等的事情，避免伤害其他人或组织。在这些都做好的基础上，我们再讲慈善责任，企业应做一个好的企业公民，为提高所在社区的人们的生活质量贡献一分力量。

慈善责任又被称为企业自愿履行的责任，这是因为做慈善是社会对企业或个人寄予的没有或无法明确表达的期望，但是否承担或应承担什

⊖ CARROLL A B. A three-dimensional conceptual model of corporate performance[J]. Academy of management review, 1979, 4(4): 497-505.
⊖ CARROLL A B. The pyramid of corporate social responsibility: toward the moral management of organizational stakeholders[J]. Business horizons, 1991, 34(4): 39-48.

么样的责任不能强加于他们,这取决于企业或个人的自行判断和选择,这是一种完全自愿的行为。此外,这种叫法还隐含着一定的社会文化背景。细心的你会发现,每当灾难降临,我国企业往往反应非常快,非常积极,这是因为我们是社会主义国家,集体决策的效率很高。而西方国家的企业往往不会说自己捐了多少,这与其治理体系有一定的关系。西方大企业的管理制度往往比较复杂,企业每年捐助资金的预算是固定的,如果需要动用企业资金进行超过预算的捐助,就必须额外申请,并经过董事会同意。但在预算范围内,高管团队能够根据需要自由决定捐多少、什么时候捐。

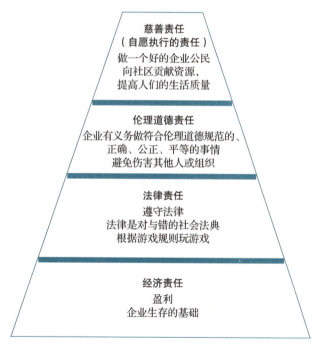

图 1-2　企业社会责任金字塔[⊖]

除了卡罗尔的经典定义之外,ISO 26000 首次在全球范围内定义了社会责任。当然,它所讲的社会责任往往泛指组织的社会责任,不仅仅限于营利组织,也就是我们所讲的企业,还包括那些非营利组织等。根

⊖ CARROLL A B. The pyramid of corporate social responsibility: toward the moral management of organizational stakeholders[J]. Business horizons, 1991, 34(4): 39-48.

据该定义，组织的社会责任是指一个组织用透明的合乎道德规范的行为，为其决策或者活动对社会和环境所产生的影响而承担责任。

ISO 26000 要求的社会责任是区分不同组织的。对于 NGO，也就是非营利组织，它们的社会责任与营利组织（即企业）的社会责任是有区别的。非营利组织往往倾向于无限扩大它们的社会责任和影响力的范围，而营利组织往往倾向于限定其所承担的社会责任的范围，认为自身承担的社会责任是有边界的，不能够将应承担的社会责任无限化。然而，要想两者达到平衡，绝非易事。如今又出现了第三类组织——社会企业，介于 NGO 和营利组织之间，这类企业更加复杂，它们努力平衡经济责任与社会责任之间的关系。我们会在后面的章节做详细的阐述。

1.4.3 社会责任的范畴

总体来讲，一个组织的社会责任包括宏观、中观和微观的范畴。

一是宏观的可持续发展。世界环境与发展委员会（World Commission on Environment and Development，WCED）主席格罗·哈莱姆·布伦特兰（Gro Harlem Brundtland）女士指出，我们面临着未来的挑战，以及守护下一代利益的挑战㊀，而这些挑战是世界可持续发展的动力。1987 年，在联合国一份以她名字命名的报告——《布伦特兰报告》（即《我们共同的未来》）中出现了"可持续发展"这一术语，并把它推上了政治、商业和个人的议事日程。该报告激发了人们新一轮对于可持续发展的讨论和行动。可持续发展主要关注人类对自然环境的污染和破坏，人口过剩和性别失衡，不可再生能源的消耗，生态失衡等问题。

二是中观的利益相关者管理。利益相关者能够对企业的经营活动和结果施加影响，或者会被企业的经营活动和结果影响到。他们会对企业提出各种诉求，根据其诉求的合理性、紧迫性及其自身对企业的影响

㊀ BRUNDTLAND G H. Our common future[D]. United Nations, World Commission on the Environment and Development. New York: United Nations, 1987.

力，企业需要回应或满足他们的部分或全部诉求才能持续经营。因此，企业的很多活动围绕着对利益相关者的管理展开。总之，企业需要关注各类利益相关者，积极与他们进行良性互动。

三是微观的商业伦理管理[○]。商业伦理是有关商业中的伦理问题，以及基于伦理学、经济学、社会学、政治学等的跨学科研究。它涉及商业中的伦理、法律与合规等问题，是判断商业行为对与错的标准。管理者应用商业伦理理论和工具评估商业活动中行为的对与错，并基于行为对与错的解释做出伦理决策。应用管理工具可以促使企业管理者和员工做出正确的行为，从而使企业成为一个符合伦理规范的组织。

1.5 伦理和社会责任问题及其产生的根源

一方面，我们看到不少好的变化。例如，过去这十年，我国节能减排成效显著，以年均 3.3% 的能源消费增速支撑了年均 6.1% 的经济增长，成为全球能耗强度降低最快的国家之一。鸿星尔克在自身经营困难的情况下仍然积极捐助灾区人民。新冠疫情期间各类企业纷纷捐助。

另一方面，各类企业丑闻层出不穷。2010 年 4 月 20 日，由于管理疏忽，BP 石油在墨西哥湾的深水地平线钻井平台发生了爆炸和沉没，这次事故导致了巨大规模的漏油，对墨西哥湾的生态系统、渔业、旅游业和当地社区造成了严重的影响及损失，成为世界上最严重的海洋环境灾难之一。此外，2017 年大众汽车承认在美销售近 60 万辆柴油车时，利用软件在排放检测中作弊。2020 年瑞幸咖啡和康美药业陆续被爆出财务造假……

类似上面的故事每天都可能在不同公司上演。我们需要思考：企业

○ 资料来源：拉什，康纳威. 责任管理原理：全球本土化过程中企业的可持续发展、责任和伦理 [M]. 秦一琼，曹毅然，译. 北京：北京大学出版社，2017.

行为是企业的员工或领导者做出的，那么，他们为什么会做出这样的选择？问题到底出在哪里？如果一个企业，其员工陷入了"选择忠诚还是选择诚实"之类的两难伦理困境，那么是什么原因导致的？这些商业伦理和社会责任问题产生的根本原因是什么？该如何解决？

从故事中我们可以看出，一个企业如果产生了商业伦理和社会责任问题，可以从以下三个方面去寻找原因。

第一，考察领导者或员工个人的思想意识是不是符合伦理规范。如果领导者自身的思想观念不正确，是消极、负面、不负责任的，他们自身的行为会给员工带来不好的示范效应，影响整个企业的文化，从而影响企业的行为。

第二，考察这个企业是不是有好的政策和行为规范。一个企业若有好的政策和行为规范，有好的治理监督机制，这家企业就不会差到哪里去。

第三，整个社会的制度体系是不是公正且完善。尤其是经济、政治、法律等方面的一些制度环境，会对企业的行为产生影响。

因此，一个企业要想成为伦理型组织，至少需要三个支柱：伦理型领导，伦理型的组织文化，以及有效的监督体系，如图1-3所示。

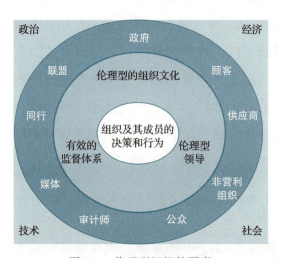

图1-3 伦理型组织的要素

讨论案例

Goodrich 公司赢得了一份设计、测试和制造 A7-D（美国空军新型轻型飞机）飞机制动器的军事合同。John Warren 是一位老工程师，设计了带有四个小型制动盘或转子的制动器。

Searle Lawson 是一位年轻的工程师，刚刚获得工程学位。Lawson 发现制动器四个转子上的里衬受热温度会迅速上升至 1 500℃，并开始解体。Lawson 向 Warren 报告了此事，并建议使用五个转子，但遭到了拒绝；随后，他又向项目经理兼主管报告，但遭到了冷遇，因为 Warren 是公司最好的工程师之一。

Kermit Vandivier 是这家公司一位负责撰写技术报告的技术员，被指派写一篇关于制动器的报告。Vandivier 向一位高管报告了制动器的情况，并收到了以下回复："这不关我的事，也不关你的事……为什么我的良心要困扰我？我只是照他们说的做，我建议你也这样做。"Vandivier 本打算在报告上写"故意捏造和歪曲"，后来他改变了主意。

Lawson 和 Vandivier 一起写了最终报告。"制动器压力、扭矩值、距离、次数——所有结果都符合标准"。刹车通过了合格测试。在 Goodrich 公司发布报告几周后，美国空军在 A7-D 测试飞机上的刹车，飞行员开始驾驶该飞机。

思考与讨论：如果你是 Lawson 或 Vandivier，你会怎么做？案例中的人和事是否存在问题？问题产生的原因是什么？

注：案例改编自得克萨斯 A&M 大学哲学系和机械工程系开发案例"B.F. Goodrich"。

彼得·德鲁克曾经说过，一个健康的企业和一个病态的社会是难以共存的。因此当一个社会中一家甚至多家企业都存在伦理问题、社会责任问题的时候，我们需要反思：是不是这些企业所处的整个社会系统其实是有问题的？

显然，上述案例中，企业"又当运动员又当裁判"，这样的系统是存在问题的。这家企业员工反映的这类关系到产品安全的问题得不到领导者的重视，这不仅说明组织文化和治理结构存在问题，还说明领导者个人的道德观念非常淡薄。

案例后记：Lawson 被派往加利福尼亚州观看航班测试。当飞行员试图降落飞机时，刹车失灵，好几次都险些坠毁。他看到一架飞机在跑道上滑行，刹车产生了很大的热量，以至于零部件都熔合在一起，车轮随即被锁死。幸好，飞行员都幸存了下来。

Lawson 回家后，他和 Vandivier 都辞职了，并通知了联邦调查局。Lawson 和 Vandivier 来到美国国会，讲述了他们在 Goodrich 公司的经历。

几天后，Goodrich 公司宣布，它将用更大的五盘制动器取代小型制动器，美国政府无须额外付费。Goodrich 公司试图通过这样的方法解决制动器故障造成的问题。

后来，美国国防部改变了允许公司自己测试设备的检验方式，以防止企业提交欺诈性报告。

课后思考题

1. 商业伦理与企业社会责任之间有什么区别和联系？
2. 商业伦理和社会责任问题的发生，背后可能的原因有哪些？
3. 成为 21 世纪成功的领导者，需要做好哪些准备？

第 2 章 理论与基础

■ **教学目标**

1. 社会责任的社会基础
2. 社会责任的哲学基础
3. 社会责任的理论基础
4. 社会责任的制度基础
5. 社会责任的现实基础

世界上有两件东西能震撼人们的心灵：一件是我们心中崇高的道德标准；另一件是我们头顶上灿烂的星空。

——康德

■ **引导案例**

以前，白血病被视作绝症，患者的生存率非常低，即使接受化疗，也痛苦万分。后来出现了一种叫格列卫的药，是由瑞士诺华公司研制出的、人类历史上第一个用于治疗白血病的药，非常有效。只要不间断服用该药，85%的白血病患者能够生存 5 年以上，且生存质量几乎与常人无异。然而，该药受专利保护，2013 年之前我国无法仿制，只能靠进口，但一盒进口的格列卫售价高达 23 000 多元。为了能活下去，很多白血病患者为买药而倾家荡产。

陆勇，一名慢性白血病患者，在高药价的逼迫下几乎掏空了家底。他偶然了解到印度400元一盒的仿制药的药效与正版药差不多，自此他开始从海外代购印度仿制药。他还用信用卡通过网购为很多病友代购了这种药物，被称为抗癌药"代购第一人"。然而，由于这种药并没有取得我国进口销售许可证，他的这种行为涉嫌违法，被湖南省沅江市检察院以涉嫌"妨碍信用卡管理罪"和"销售假药罪"提起公诉。消息爆出后，几百名白血病患者联名写信，为他求情……

请思考：对于类似事件，你怎么看？

2.1 社会责任的社会基础

在企业社会责任研究领域形成之前，文化中的伦理价值观为企业承担社会责任奠定了基础。西方直到20世纪早期，道德观才开始出现在商业理论和商业学科中，自此，商业责任的概念和框架正式形成。1925—1955年，商业责任被称为商人的责任。例如，霍华德·鲍恩（Harward Bowen）在其1951年出版的《商人的社会责任》一书中明确提到了"商业责任"，强调商人对商业负有不可推卸的责任，这被认为是该词的正式诞生。下面我们梳理一下社会责任的社会基础。

我国传统文化里有丰富的关于诚信友爱、人与自然和谐共处等内容。例如，儒家学说强调人具有深厚的社会性，要"以义为利""义利并重"。《中庸》中写道："诚者，天之道也；诚之者，人之道也。诚者，不勉而中，不思而得，从容中道，圣人也。诚之者，择善而固执之者也。"这句话是说，"真诚，是上天赋予的品德，追求真诚，是做人的原则。天生真诚的人，不用勉强就能做到诚，不用思考就能拥有诚，自然而然地符合原则，这样的人是圣人。努力做到真诚，就是要选择美好的目标并且执着追求。"此外，儒家也有保护环境的观点。例如，"子钓而不纲，弋不射宿"，这句话是指孔子只用（有一个鱼钩）的钓竿钓鱼，而不用（有许多鱼钩的）大绳钓鱼，只射飞鸟，不射巢中歇宿的鸟。

道家整体上强调无为而治，但无为不是不作为，而是要建立好的制度。其中，庄子的思想最为经典，他传授给我们的智慧是关于实现大道的。他教导人们要洞察得失，超越时空，超脱于世俗之争，将自己置于自然状态中，这样就能远离"天下熙熙，皆为利来；天下攘攘，皆为利往"的纷争，也就摆脱了欺诈和不诚信的困扰。道家强调圣人行事无须言语，通过感知诚信、追求诚信和实践诚信，最终达成"大道"的境界。道家还提出"天人合一"的观点，认为人应当顺应自然的道德规律，修养心性以实现内外的和谐统一，最终达到与天地自然的合一状态。强调"不涸泽而渔，不焚林而猎"，即不要把池水吸干来捕鱼，不要将林地烧毁来打猎。

佛教通过"自律"和"他律"来劝导与规范信众，诚信在此过程中是必不可少的价值观。

2.2 社会责任的哲学基础

公平正义观是社会责任的哲学基础。正义一般是指正当和相当，包括了所有良好的道德行为模式。自古至今，不同哲学家对正义的定义的侧重点不尽相同，其背后的逻辑也各不相同。

2.2.1 早期的公平正义观

在早期的哲学家中，最有影响力的是柏拉图和亚里士多德。柏拉图是古希腊哲学家，他在其著作《理想国》中提出了关于正义的观点[一]，他认为正义就是社会中各个层次的人各司其职，各守其序，各得其所。柏拉图还认为，理想的社会应该有一个完美的社会结构，其中每个人都能按照自己的能力和天赋扮演适当的角色。他将社会划分为三个阶层：统治者或哲人王、守卫者或战士、劳动者或生产者。每个阶层都有其特定

㊀ 资料来源：柏拉图. 理想国 [M]. 张竹明，译. 南京：译林出版社，2018.

的职责和义务。统治者是那些具有智慧和道德洞察力的个体，他们应当统治并指导社会。守卫者负责保卫社会和维护秩序。劳动者则从事实际生产和劳动工作，为整个社会提供物质资料。正义在柏拉图的观点中意味着每个人在社会中扮演自己的角色，并按照其所属的阶层来行事。这种社会结构和分工的存在有助于维持社会的和谐与秩序。通过每个人都寻求履行自己的责任和社会角色，社会就能够达到最优的状态。

亚里士多德是另一位古希腊哲学家。他相信，正义是一种品质或美德，它可以在个人和社会中得到体现⊖。他认为，正义与公平紧密相关，正义就是在分配资源、权力和责任时，公平对待每个人，不过度偏袒任何一方。他将正义描述为天秤的两臂，要想保持平衡，就要让两边重量相等。根据亚里士多德的观点，个人和社会的正义是基于合理和公平的原则的。这涉及每个人在社会中是否得到了适当的报酬和机会，而不是仅仅根据他们的个人喜好或地位来分配的。分配正义和补偿正义这两个概念也由此诞生。其中，补偿正义是指根据历史、文化、经济、现实条件，有偏向性地进行决策，以保证一个相对公平的结果，最为典型的例子就是对罪犯的惩罚和对受害者的补偿。亚里士多德还认为，正义的实现需要根据人的品德和道德素质来评判行为的合理性。他支持通过道德和伦理教育来塑造人们的品德，以促进社会中的公平和正义。

与前面两位哲学家不同的是，康德更强调道德权利与义务。康德认为，每个人都有特定的道德权利和义务，无论是否对他人产生实际效益。康德的理论基于他提出的"绝对道德律令"，该道德原则要求将每个人看作平等自由的个体。换句话说，每个人都有权利得到平等的对待，也有义务平等地对待他人。康德以多种方式来阐述这一道德原则，每种表述都是对道德权利和相应义务的解释。康德对道德原则的第一个表述为个人主观的准则必须符合普遍的行为法则。康德对道德原则的第二个表述为人是目的，而不是手段。也就是说，只有当个人在行动中不仅仅

⊖ 资料来源：亚里士多德. 尼各马可伦理学 [M]. 廖申白，译注. 北京：商务印书馆，2017.

把他人当作工具利用，并且以每个人的自由和理性同等对待他们，以促进每个人能力的提升，并帮助他们更好地追求自由和理性选择目标时，该行为才符合道德。

2.2.2 功利主义公平正义[一]

作为一种影响力比较大的伦理学观点，功利主义（utilitarianism）主张人们应该采取能够最大化幸福感的行为。它通过考虑每个个体快乐和痛苦的总和来评估行为的价值，即快乐被视为正面效益，而痛苦被视为负面效益。在功利主义中，我们并不关心行为的动机和手段，而是专注于行为结果对总体幸福感的影响。只有能够增加总体幸福感的行为才被视为善行，否则被视为恶行。功利主义假设我们可以以某种方法度量和加总行为产生的效益，然后从中减去所带来的痛苦。人们对所有发生的行为进行这种计算，从中选择产生最大净收益或最小净成本的行为。也就是说，功利主义假设行为的任何收益或成本都可以在一定的衡量标准下进行计量，并互相进行比较。

边沁（Jeremy Bentham，1748—1832）是功利主义的代表人物。他认为所有人类都受到两种主要力量的支配——痛苦和快乐。道德的最高原则是追求幸福的最大化，即追求快乐减去痛苦的总和。他认为任何能够最大化总体幸福的行为都是正确的。边沁的效用主义可以这样概括：为最多的人争取最大的利益。

以一家被人诟病为戕害儿童的电子游戏企业的游戏设计决策为例，如果企业的管理者根据功利主义原则进行决策的话，他们需要完成以下四个步骤。第一，要明确可供选择的行为或策略。例如，这家企业的管理者需要考虑两个备选方案：重新设计，使儿童对该款游戏不感兴趣；或保留最初的设计。第二，评估每个备选方案中的行为对受影响的企业或个人可能带来的直接或间接的收益和成本，以预测未来的损益。在这

[一] 康德. 实践理性批判 [M]. 邓晓芒, 译. 北京：人民出版社, 2003.

个案例中，该游戏企业需要计算出，如果改变或保留吸引儿童的电子游戏的设计，对企业、供应商、客户（儿童）等所有相关主体带来的成本和收益的影响（包括现在的和未来的）。第三，将成本从收益中减去，得出每个行为的净收益。例如，该游戏企业可以计算出保留这种设计将带来的社会净成本和改进设计所产生的社会净成本。第四，选择产生最大净收益的行为作为合乎道德的行为。例如，游戏企业的管理者决定选择成本最低、收益最高的行为。大家可以猜一猜，符合这样的原则标准的是什么决策。

这里不得不提到人们在使用功利主义时经常会犯的三个重大错误。首先，我们要明白，功利主义认为正确的行为是那些给大多数人带来最大幸福的行为，而不仅仅是追求个人最大效益。其次，我们不能只考虑行为的直接和当前后果，而应该考虑所有可能的成本、收益和间接影响。最后，功利主义并不意味着只要行为的收益超过成本就是正确的。相反，正确的行为应该产生比其他替代行为更大的总效益。在决定何种行为最符合道德规范时，我们需要比较各种行为的效益。因此，功利主义强调在每种情况下选择能最大限度地提高总体幸福感的行为。上述游戏企业的决策中，如果管理者把所有直接和间接的成本与收益都考虑到的话，应该想到对儿童的心理和身体健康带来的长远危害，以及对儿童的家庭甚至社会带来的间接危害。

在很多方面，功利主义是一种吸引人的伦理学理论，在政策制定、道德判断和经济学中都具有一定的吸引力。在追求最大化幸福和总体效益中，它提供了一种理性和可量化的框架，可以用于评估选择和决策，推动社会的进步和增进个体的福祉。例如，在政府政策制定和公共产品选择方面，功利主义倡导以最小的成本带来最大的社会利益。在决定公共资源分配时，政府可以选择那些能够最大限度地提升社会福利和总体效益的项目。此外，在判断道德行为方面，功利主义强调需要评估行为结果对总体幸福感和效益造成的影响。例如，如果某个行为能够增加整个社会的幸福感和效益，那么这种行为就被认为是符合道德的。举个例子，企业向慈善机构的捐赠可以改善受助者的福祉，并对整体社会福利产生积极影响，因此符合功利主义原则。在经济学中，功利主义也具有重要作用。例如，通过成本收益分析，可以使用功利主义的原则评估不同政策或项目的经济效益。例如，在考虑修建一座桥梁时，可以比较修建成本与桥梁所带来的交通便利性、经济增长和社会效益。这有助于进行权衡和决策，以最大限度地满足整体效用。

今天来看，功利主义作为一种伦理学理论，在实践中存在一些显著的局限性。首先，尽管功利主义追求最大总体效益，但对于如何准确评估和比较不同个体的幸福感或效益仍然存在困难。每个人对幸福的定义和衡量标准都是主观的，这使得确定最大总体效益的标准变得复杂且模糊。其次，功利主义可能会在强调总体效益的同时忽视个人的权利和自由。在现代社会伦理学中，个人权利和自由被广泛接受并被视为基本价值。然而，功利主义可能会将个人权利牺牲以追求整体最大利益，这容易引发对权利和自由的侵害与削弱。此外，功利主义也面临短期和长期利益之间的冲突。由于功利主义注重最大化总体效益，这可能导致在追求即时幸福时忽视了对长远利益的考虑。举个例子，为了满足当前需求和欲望，可能会频繁过度利用资源，而忽视了未来可持续发展和环境保护的重要性。最后，功利主义在决策过程中也存在困境和权力滥用的风险。由于功利主义强调追求最大总体效益，这可能导致对某些少数群体的牺牲和不公平。在这种情况下，决策者可能滥用权力，剥夺某些个体的权利和福祉，以追求所谓的最大总体效益，对此需要加以关注。

2.2.3 罗尔斯的正义论⊖

约翰·罗尔斯（John Rawls，1921—2002）是一位著名的哲学家、伦理学家和政治学家，也是哈佛大学的教授。他致力于研究社会正义问题，并于1971年出版了《正义论》一书。该书被认为是"二战"后西

⊖ 罗尔斯. 正义论 [M]. 何怀宏，何包钢，廖申白，译. 北京：中国社会科学出版社，2001.

方政治哲学、法学和道德哲学领域中最重要的著作之一。罗尔斯在《正义论》中提出了"无知之幕"的概念，即让人们在做出决策之前对自己的社会处境一无所知。他认为，在讨论如何公正地对待不同角色成员时，将每个人都放置在无法预知未来身份的情境中，可以更客观地进行讨论和决策。

也就是说，一个站在无知之幕后面的人，既可能富可敌国，也可能一贫如洗；可以来自世界各地，也可以是不同身份。所有的参加者都处在无知之幕背后，他们对各自的特点、能力及个人的经历一无所知。他们都将追求基本的"善"，但是他们不知道他们所处社会的经济条件和政治状况，不知道他们的社会身份或阶级地位。通过对无知之幕的思考，人们能够不受个人利益和特殊身份的影响，更全面地评估不同选择的公正性。此时，他们也不得不为其他人选择，选择的目的是避免最坏的结果。

无知之幕为我们提供了一个有启发性的框架，可以帮助我们思考与社会正义观相关的问题。该观点的提出有助于我们在制定社会制度、法律政策和进行资源分配时保持公正与公平，确保每个人都能享有基本权益，这对于探讨社会正义、公平和平等至关重要。它提醒我们，在决策过程中要摒弃个人利益，站在公正的立场上思考，以确保制度和政策的公正性，能够有效避免决策者"屁股决定脑袋"的情况。

罗尔斯提出了正义的两个原则。首先，每个人都应该享有与所有人拥有的最广泛平等的基本自由体系相容的类似自由体系，并且这种权利应该是平等的（即自由平等原则）。这意味着每个人都应该有同等的权利来追求最大限度的基本自由，而这些基本自由应尽可能广泛。这涉及权利和义务的分配。

其次，社会和经济的不平等应满足两个条件才合理：地位和职位应在机会公平平等的条件下向所有人开放（即机会公平平等原则）；这种不平等应该对所有人都有益，并且要符合对最不利受益者的最大利益（差别原则）。这涉及地位、收入和财富的分配。

罗尔斯的正义观念实质上建立在一种虚构的社会契约之上。正义的原则可以从这个假设的契约中推导出来，而不必依赖于真实的契约过程。我们可以想象一个契约，在这个契约中，各方在权力和知识上是平等的，地位也是相同的。罗尔斯认为，应该从这个假设的契约的角度出发，思考正义的方法，即站在无知之幕的背后，通过消除差距创造出平等的条件，或者暂时忘记权力和知识的差距，因为这些差距通常导致不公平的结果。

| 讨论案例 |

奥巴马政府美国国家经济委员会主任劳伦斯·萨默斯曾经写过一段文字，称如果把富国的废弃物都运送到穷国，世界的福利水平就会得到改善。他提出了以下四个观点。

第一，如果将污染物运往健康危害成本最低的国家，这将对所有人都是有利的。污染物的健康危害成本取决于因污染导致人们生病或死亡而损失的工资。因此，工资水平最低的国家往往也是受污染物健康危害最小的国家。基于经济学逻辑，如果我们将废弃物倾倒在工资水平最低的国家，将对所有人都有益。

第二，在已高度污染的环境中增加更多污染物会造成更严重的健康危害，而将同样的污染物倾倒在具备自我消化能力的洁净环境中，健康危害则较小。因此，我们可以将废弃物从高度污染的城市（如洛杉矶）转移出去，倾倒在相对低于污染标准的非洲国家，以减少污染源带来的危害。这将更充分利用那些国家清洁空气质量，促进全球福利。而我们当前并没有对非洲空气有效使用。

第三，同样的污染物在人均寿命较长的国家比在人均寿命较短的国家造成的危害更大。较长寿命的人可能会患上与年龄相关的疾病，如前列腺癌，而较年轻的人则不太可能得这些病。因此，可以把污染从人均寿命较长的"富国"转移至人均寿命较短的"穷国"，从而减少污染源对疾病的影响。

第四，污染可能对健康没有直接威胁，但会对"美学"造成破坏，例如空气看起来脏兮兮的。由于富人愿意为清洁空气付出更多金钱，这意味着洁净的空气对富人更有价值。因此，"富国"人民可能会找到愿意以洁净空气作为交换的"穷国"人民。这种交易将提高双方的福利。

请问：以上论断体现了什么观点？你是否赞成劳伦斯·萨默斯的观点？为什么？

注：资料来源于1992年2月8日发表的 The Economist 上题为"Let them eat pollution"的文章。

罗尔斯在亚里士多德的基础上，基于公平的视角提出《正义论》，并将正义进一步分为实质正义和程序正义。他认为，实质正义是正义的终极状态，是必须要实现的，也就是善人（或善行）应该得到善报，恶人（或恶行）必须得到恶报。如果司法制度或公共政策无法体现实质正义，就会被视为欠缺正当性。而程序正义是指将一个中立的程序用于所有社会群体。

罗尔斯的《正义论》虽然被人们广泛认为是重要的社会正义理论，但也存在局限性。首先，无知之幕⊖过于理想化。罗尔斯的理论建立在假设人们在做决策时对自己的社会处境一无所知的基础上。然而，在现实世界中，人们并非完全无知。其次，忽视了多样性问题。罗尔斯的理论主要关注人们的基本权利和机会的平等，但未考虑到个体多样性所带来的特殊需求和权益要求。不同的文化、价值观和生活方式可能需要更具体的保护，但在这方面的讨论不足。此外，缺乏实践指导。罗尔斯的理论虽提供了一个框架，但缺乏具体的实践指导。这使得在具体政策和制度设计方面应用该理论存在困难，需要进一步细化。尽管罗尔斯的《正义论》存在局限性，但其对社会正义的思考具有重要价值，也为大家提供了一个有启发性的参考框架，引导人们不断去思考如何实现公平与正义。

⊖ 无知之幕是罗尔斯在《正义论》中提出的。他强加给要确定支配社会基本结构的正义原则的参加者的主要条件：所有的参加者都处在无知之幕背后，每一个人都不知道自己在走出这个幕后将在社会里处于什么样的角色；无知之幕意味着可以保证参加者做出的选择不被他们的特殊利益和好处歪曲，可以使他们公正客观地确定原则。

2.2.4 社群主义正义观

社群主义是近代影响力较大的西方政治思潮之一，兴起于 20 世纪 80 年代以后。该思潮的主要代表包括桑德尔、麦金太尔和沃尔策等人。其核心观点是成员在一个社群中共享特定身份，并以此追求共同利益和实现自我价值。社群主义的提出是基于新集体主义，它反对将个体和自我视为理解、分析社会政治现象与制度的主要变量的新自由主义。社群主义认为个体和自我最终受其所属社群的影响。因此，社群被视作政治分析的核心变量。在价值观上，社群主义强调集体权利优先的原则，强调国家、家庭和社区的价值，并倡导爱国主义。

当代社群主义的社群概念根本上源于亚里士多德[一]。在他的《政治学》中提到了"城邦"即"政治社群"。他认为，人们是需要通过参与社群生活来实现自我价值和发展的。在城邦中，成员共同分享一种身份，努力追求共同利益。他强调，在探究正义和权利时需要考虑社会活动的目的，而政治社群的目的在于培养公民的美德，引导公民发展优秀品性，以增大实现美好生活的可能性。

社群主义与集体主义文化有很多相似之处，同时也存在差异。集体主义强调社群的重要性和价值，以及个人与社群之间的紧密关系，强调社群利益高于个人利益，重视成员的责任和义务，以及社会团结、合作和个人参与公共事务的重要性，这与社群主义的核心观点相符。然而，集体主义并非完全等同于社群主义，它更注重整个社会群体的利益和团结，而社群主义更着眼于个体在特定社群中的身份感和归属感。

诺贝尔经济学奖得主阿马蒂亚·森在《身份与暴力》一书中对社群主义进行了批评。他指出[二]，社群主义会忽视个体生命无限发展的可能。虽然身份认同可以给人带来骄傲、欢愉、力量和信心，并帮助个体摆脱

[一] 亚里士多德.政治学[M].吴寿彭，译.北京：商务印书馆，1965.
[二] 阿马蒂亚·森.身份与暴力：命运的幻象[M].李风华，陈昌升，袁德良，译.北京：中国人民大学出版社，2009.

以自我为中心的狭隘生活，但在很多情况下，身份认同也会成为一种强烈的、排他性的群体归属感，导致不同群体之间的疏离和冲突。他认为，社群主义过度强调群体归属感，却忽视了不同文化身份之间的理解和沟通，以及人本主义思考。现实中存在明显可以纠正的不公正，我们希望消除这些不公正，却难以如愿。我们的关注点不应仅停留在抽象的制度和规则上，还要关注现实生活中的问题；不应仅寻找绝对的公正，还应关注如何减少不公正；我们的视野应该是全球的，而不是局限于某个国家的边界范围之内。

阿马蒂亚·森的观点给了我们较为现实的启示。解决身边明显可见的不公正问题是正义的起点和终点，而非盲目追求遥不可及的完美正义。他倡导先诊断并消除明显的不公正，然后逐步靠近公正，不要期望一步到位地达到完美境界。这也是我们强调让大家多关注身边明显的不公正现象的重要原因。通过回应这些现象背后的不公正，或许我们更容易找到应对伦理困境的思路。

| 拓展阅读 |

2023年10月19日，生态环境部正式公布了《温室气体自愿减排交易管理办法（试行）》（以下简称《办法》）。该《办法》详细规定了自愿减排交易的主体、项目登记注册、减排核查、交易细节、监督管理、处罚等内容。根据《办法》第五十一条的规定，本办法自公布之日起施行。这意味着被暂停了6年的中国核证自愿减排量（CCER）正式重新启动。

全国温室气体自愿减排交易市场和全国碳排放权交易市场共同构成了我国的碳交易体系，将有效促进我国碳市场的积极发展。与此同时，公布《办法》对支持林业碳汇、可再生能源、甲烷减排、节能增效等项目的发展将起到积极作用，推动我国的减排工作实施，推进我国经济社会的绿色低碳转型，助力实现我国的"双碳"目标。

注：资料来源 https://www.sohu.com/a/730503026_121123679。

2.2.5 社会主义公平正义

在西方经济学中，私有财产制度、自由市场和自由贸易无疑占了很大分量，也是西方大多数国家制定经济制度的依据。而卡尔·马克思则对由私有财产制度、自由市场和自由贸易导致的不平等进行了最严厉、最著名的批评。马克思生活在工业革命鼎盛时期，亲眼看见了工业化对英国等欧洲国家和地区的工农阶级造成的苦难和不公。马克思详细描述了工人遭受的剥削和苦难：漫长的工作时间、恶劣的工作条件导致的健康问题，以及儿童劳动的悲惨景象。

马克思认为，剥削工人只是资本主义生产方式造成的诸多潜在不平等之一。他指出，资本主义制度给人们提供了两种收入来源：出卖自己的劳动力以及拥有生产要素的所有权（包括工厂、设备、土地和原材料）。由于工人无法在没有这些生产要素的情况下工作，他们只能依靠出卖劳动力来获取工资。然而，资本家只支付工人维持基本生活所需的工资，而不是工人实际创造的全部价值。剩余价值被资本家保留为利润，这意味着拥有生产要素的所有者通过剥削工人来获取财富。因此，资本主义导致了富者愈富、穷者愈穷的不公平现象。

作为社会主义国家的中国，坚持把马克思主义基本原理同中国具体实际相结合，提出并发展了社会主义公平正义理论。1992年，邓小平同志在南方谈话中，明确提出了"社会主义的本质，是解放生产力，发展生产力，消灭剥削，消除两极分化，最终达到共同富裕"。这一论断把实现社会公平正义纳入了社会主义本质要求中。党的十八大以来，习近平总书记曾多次就高质量发展进行深刻阐释。因此，社会主义公平正义应该建立在高质量发展的基础上，旨在在社会、经济和政治领域不断追求公平正义。重点是实现资源和财富的公平分配，确保每个人享有平等的机会，以更好实现共同繁荣和公正发展。

当前的社会主义公平正义主要包括以下特点。

（1）经济发展和公平。通过经济发展使得整体财富增加，并通过财富再分配和优先关注弱势群体，缩小贫富差距，消除不平等现象，实现经济增长的普惠性和消除贫困。

（2）公共服务与福利。提供优质的公共服务，例如教育、医疗保健、住房等，确保人们的基本需求得到满足，并争取平等的机会权益。

（3）社会公正，即倡导社会的公正和包容性发展，消除歧视和不公平待遇，创造公正的环境，使每个人都能够发展和实现自我价值。

（4）民主参与。社会主义公平正义还强调推动社会和政治的民主参与与监督，在决策过程中充分尊重和代表人民意愿，建立公正、透明和负责任的制度。

回到本章引导案例中陆勇面临的道德困境，人们从不同的角度得出的观点必然不同。走私和使用仿制药，必然损害创新，进而损害社会的进步；然而，不顾大量白血病患者的需求和买不起高价药的困境，却又损害了白血病患者及其家庭的利益，造成社会问题。从社会主义公平正义的角度，需要国家来解决。据悉，最高人民法院和最高人民检察院为此专门出台了相关司法解释，检察机关也撤回了对陆勇的起诉，法院也对"撤回起诉"做出裁定。如今，国家将治疗白血病的药物纳入了医保范畴。

2.3　社会责任的理论基础

2.3.1　利益相关者理论

在很长一段时期里，许多人都认为企业对广泛的社会问题不负有责任，企业的责任仅限于对股东的责任。其中，最为典型的是经济学家米尔顿·弗里德曼。弗里德曼是1976年诺贝尔经济学奖得主，被誉为"20世纪后半叶最具影响力的经济学家"。他1970年在《纽约时报》上发表的一篇文章中，强烈反对企业承担社会责任。在这篇文章里面，他提出：在一个自由经济体中，企业唯一的社会责任就是在公平竞争的游戏规则下，利用资源从事各种活动以增加利润。其实，大家不知道或容易忽视的是，弗里德曼提出这个论断的前提是限定在一个自由经济体里，在这个自由经济体里，企业对几乎所有利益相关者的责任都可以通过契约来解决，只剩下对股东的责任，而且需要假设法律和司法制度是完善的。因此，对于法律法规不是很完善的社会（事实上也永远不可能绝对完善）来讲，这个观点是不合适的。不管弗里德曼的初衷如何，尽管他这种社会责任论受到一些经济学家反对，但在相当长的时间内这种观点占据主流。

支持企业承担社会责任的理论基石直到20世纪80年代才出现。1984年，R.爱德华·弗里曼（R.Edward Freeman）出版了《战略管理：利益相关者方法》一书，提出了利益相关者理论。"利益相关者"一词最早出现于1708年，用来描述人们在某项活动或企业中押注的利益，这些利益会随着活动或企业的运营而有所变化（Clark，1998）。在1963年，斯坦福研究院的一些学者开始使用"利益相关者"一词来指代与企业密切相关的各方。

根据弗里曼的定义[⊖]，利益相关者是指能够影响一个组织目标的实现或受到组织目标实现过程影响的个人或团体。因而，企业应该考虑并满足所有与其活动相关的利益相关者的合法权益和需要。后来，阿奇·卡罗尔（Archie B. Carroll）基于弗里曼的理论提出了企业社会责任金字塔模型，该模型将企业社会责任划分为经济、法律、伦理道德和慈善四个层次，关于这点我们前面已经讨论过。

2.3.2 三重底线理论

三重底线理论是关注可持续发展的重要概念。它强调企业和组织在

⊖ FREEMAN R E. Strategic management: a stakeholder approach[M]. Boston: Pitman Publishing Inc, 1984.

经济、社会与环境三个方面寻求平衡。1997年,约翰·埃尔金顿（John Elkington）提出了这一理论⊖,指出除了经济增长外,企业还需要关注社会责任和环境保护。具体而言,他认为企业应该坚守如图2-1所示的三个底线。

- 经济底线:注重企业盈利能力和经济的增长,以确保可持续的经济发展。有效管理资源、制定合理策略和商业模式对于实现经济可持续性和提高竞争力至关重要。
- 社会底线:强调企业承担社会责任。这包括尊重人权、提供良好的工作条件和福利、支持社区发展,以及促进公平和包容。与利益相关者积极互动并回应社会期望,推动社会公正和共同繁荣。
- 环境底线:关注企业在生产和经营中的环境保护与可持续发展。减少环境污染、有效利用资源、推动发展清洁能源和采取环境友好的做法等都是很重要的。

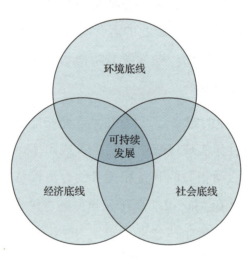

图 2-1　三重底线理论

三重底线理论认为,经济、社会和环境是紧密相连的,企业和组织应该协调发展,并在这三个领域中寻求平衡。通过整合经济、社会和

⊖ ELKINGTON J. Cannibals with forks: the triple bottom line of 21st century business[M]. Oxford: Capston, 1997.

环境目标，实现可持续发展，为子孙后代创造更加可持续和高质量的生活。

2.3.3 儒家的"修身齐家治国平天下"观

儒家的"修身齐家治国平天下"观认为[1]，个人的成长应经历几个阶段：个人修身，家庭和睦（齐家），国家治理（治国），世界和平（平天下）。这几个阶段也是个人从"亲自我"转向"亲社会"的过程，如图 2-2 所示。个人应首先专注于修身养性，并有远大抱负，最终努力成为一个伟大的人，既是"内圣"又是"外王"。这位伟大的人努力为广大社会乃至世界服务，以此实现最大的成功。因此，自己的事业取得成功，以及为世界的共同利益做出贡献都是可取的目标。根据这个学说，企业首先应重点关注自身业务的成功，之后，再将注意力转移至为社会和世界服务，这是一个连续而动态的过程。[2]

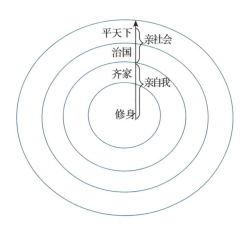

图 2-2 儒家的"修身齐家治国平天下"观

儒家的"修身齐家治国平天下"观与西方的马斯洛需求层次理论有一定的对应。马斯洛需求层次理论由美国心理学家亚伯拉罕·马斯洛提出。该理论认为，人类有五个层次的需求，从最基本的生理需求和安全

---

[1] LIN, Y. The wisdom of confucius[M]. New York: Random House, 1938.
[2] LI, X H, LIANG X Y. A confucian social model of political appointments among Chinese privatefirm entrepreneurs[J]. Academy of management journal, 2015, 58(2): 592-617.

需求，到较高层次的社交需求和尊重需求，再到更高层次的自我实现需求。然而，马斯洛的需求层次理论并没有说清楚怎样才能实现更高层次的需求。相比之下，"修身齐家治国平天下"观更清晰地阐述了更高层次的自我实现需求和实现途径，即在为国家治理做出贡献（治国）的基础上，更为世界和平做出贡献（平天下）。该学说也是我国企业践行社会责任的重要理论依据之一。

2.4 社会责任的制度基础

随着理论概念的逐步形成，以及分析框架的逐渐成熟，各种相关的制度建设不断涌现，开始参与到企业社会责任的发展过程中。在这里我们主要介绍两个：全球契约和欧盟委员会。全球契约是2000年由联合国推动建立的。全球契约旨在促进可持续发展和推动社会责任实践。它的目标是将企业、非政府组织、政府和其他利益相关者团结在一起，共同推动全球经济的可持续性和社会发展。全球契约以十个被普遍接受的原则为基础，涵盖了人权、劳工标准、环境和反腐败等领域。参与全球契约的企业和组织承诺遵守并执行这些原则，定期报告它们在实践中的进展情况。截至目前，已有超过12 000家企业和组织成为全球契约的成员。这些成员来自不同的领域，包括企业、非营利组织、政府机构、学术界和工会等。全球契约的影响力已经覆盖了全球政治和经济体系中不同的区域与行业。

| 讨论案例 |

2023年9月，日本麦当劳发布的一则以传统家庭共进餐的20秒广告不经意间引发了全球观众的广泛讨论。广告展现了一对父母和女儿在家中品尝麦当劳的食物。广告在短时间内引起广泛关注，一天内浏览量超过3 000万次。

尽管该广告在日本受到了广泛的欢迎，但是西方观众对其产生了不同的反应。特别是LGBT+社区批评这则广告代表的是异性恋家庭，认为其缺乏多样性和包容性。随后，成千上万条评论涌现出来，其中大多数观众支持广告中展示的情节。观众的反应包括对广告中所描述的"正常"家庭的赞赏，即不包括LGBT、超重或不同种族成员的家庭。然而，也有一些评论批评了西方媒体对破碎家庭的描绘及与之相关的叙事的缺失。

有趣的是，一些观众表示这则广告激励他们去结婚和组建家庭。而其他人批评了西方观众的孤立主义观点，并认为广告提醒人们家庭关系确实能够带来幸福。一些观众对广告中母女比例的相似之处提出了异议，另一些观众则批评那些对传统家庭宣传表示强烈反对的人。这则广告也引发了关于媒体代表性、文化差异和社会规范的激烈争论。尽管有些人欣赏广告对传统家庭的描绘，但也有人批评其缺乏多样性和代表性。各种回应凸显了持续存在的关于媒体代表性和不断发展的社会规范的讨论。

总而言之，日本麦当劳的这则广告在日本备受欢迎，但在西方引发了争议，突显了媒体代表性和对社会规范的争论。随着世界逐渐变成地球村，跨文化理解和情感对于创造吸引全球观众的内容变得越来越重要。同时，这则广告提醒我们要理解实现这一目标的复杂性。

请思考：你觉得，该如何解释上述现象？

注：本案例改编自"Understanding the Global Response to McDonald's Japan's Viral Ad"，https://bnn.network/arts/understanding-the-global-response-to-mcdonalds-japans-viral-ad/.

另一个是欧盟委员会。它起草了面向所有欧盟经济区的企业社会责任战略。该战略旨在实现可持续经济增长、社会发展和环境保护目标。该战略包括提供指导、促进利益相关者合作、强调透明度和报告，以及推动可持续金融。指导方面，欧盟委员会为企业提供的指引涵盖人权、劳工权益、环境保护等领域。利益相关者合作方面，倡导企业与工会、非政府组织、消费者等合作，实现全面的社会责任实践。透明度和报告方面，鼓励企业采取透明的报告机制。可持续金融方面，推动企业将环境、社会和治理因素纳入投资决策与融资活动。2023年7月，欧盟委员会还通过了首批欧洲可持续报告准则,要求企业进行相关披露。

尽管参与全球契约和欧盟企业社会责任战略的企业数量在不断增加,但随着时间的推移,一些缺陷也逐渐显露出来。其中,发展中国家对这两个制度的落实不容乐观,同时,中小型企业对它们的认可程度也比较低。

在可持续发展的细分领域,出现了许多有影响力的制度,其中大部分由联合国倡议。1972年在斯德哥尔摩召开的联合国人类环境会议确定了保护环境的共同原则和前景。随后,1992年在里约召开的联合国环境与发展会议制订了一些实质性的行动计划,如《里约环境与发展宣言》《21世纪议程》和《生物多样性公约》。此外,还建立了《联合国气候变化框架公约》,为后续的《京都议定书》奠定基础。2000年设立的《千禧年发展目标》主要关注消除贫困,并制定了八项国际社会和环境目标。

除了联合国与欧盟委员会,还有两个重要的机构:1995年成立的世界可持续发展工商理事会(WBCSD),旨在将可持续发展嵌入企业战略与流程控制中;1997年成立的全球报告倡议组织(GRI),为制作可持续发展报告提供指导原则,其纲要已成为全球最重要的报告框架。这些机构的出现标志着可持续发展意识和实践的制度化,并激励企业、政府和其他利益相关者采取行动,推动可持续发展目标的实现。

我国在社会责任方面的制度建设主要包括近年来提出的两项重要举措:"双碳"目标和乡村振兴战略。2021年,中华人民共和国中央人民政府提出"2030年前实现碳达峰,2060年前实现碳中和"的重大战略决策,体现了我国政府在构建人类命运共同体和可持续发展方面的责任担当。各级政府和企事业单位积极响应,推进"双碳"目标的落实。2023年,国务院标准化协调推进部际联席会议通过了《碳达峰碳中和标准体系建设指南》以指导相关工作。为推动乡村振兴、农业农村现代化进程,我国成立了国家乡村振兴局,并在2021年制定了《中华人民共和国乡村振兴促进法》来保障该战略的实施。这些举措彰显了我国在应对全球气候变化和农村发展方面的承诺与努力。它们将为可持续发展目标的实现起到积极的推动作用。

2.5 社会责任的现实基础

企业履行社会责任的动机可以分为不同类型，主要有利他性动机、战略性动机、政治动机和管理层自利动机等，有些是主动的，有些则是被动的。具体来说，包括以下几点。

- 提升企业的品牌形象和声誉。积极履行社会责任的企业往往能树立良好的形象，赢得消费者的信任和忠诚度。
- 确保持续经营和提升长期价值。通过关注社会和环境问题，企业能够降低风险、增强竞争力，并创造持久的社会价值和经济效益。
- 满足顾客需求和紧跟市场趋势。越来越多的消费者关注企业的社会责任和可持续性表现，履行社会责任可以满足并吸引这部分消费者，增加企业的市场竞争力。
- 促进创新和获得竞争优势。关注社会责任可以激发企业的创新动力，开发出更环保的产品和服务，从而在竞争激烈的市场中获得优势。
- 提升员工士气和满意度。履行社会责任对员工具有吸引力，关注社会责任可以增强员工的归属感，并吸引优秀的人才加入。
- 应对法律和规章制度的压力。某些国家和地区要求企业必须履行一定的社会责任，企业需要遵守相关法律、规章制度和标准，以避免可能面临的法律风险和声誉损失。
- 获取政府资源。政治动机也是企业履行社会责任的重要动力之一。企业希望通过履行社会责任和遵守政府政策与法规，以缓解政府压力，并获取政府相关资源。
- 回应社会压力和公众舆论。企业可以通过履行社会责任来回应社会对财富分配不均、环境污染、劳工权益等问题的关切，以维护公众形象和声誉。
- 管理层个人利益和奖励。管理层为追求个人的利益和奖励，需要通过履行社会责任来提高企业的声誉和形象，从而获得个人的竞争优势和利益最大化。

课后思考题

1. 怎么看待和评价"企业在酒桌上才能谈生意"这种现象？
2. 请分析评价功利主义公平正义观和社群主义正义观的优缺点。
3. 迄今为止，仍有不少人反对企业履行社会责任。你觉得他们反对的可能原因是什么呢？

PART 2 第 2 篇

社会责任战略与伦理型组织变革

第 3 章　社会责任战略

■ 教学目标

1. 社会责任与竞争力
2. 企业社会责任战略的制定
3. 企业社会责任战略的实施
4. 企业社会责任绩效的评估

人法地，地法天，天法道，道法自然。
——《道德经》

■ 引导案例

　　生长在云贵高原的刺梨果，营养价值高，富含多种维生素，具有健胃消食的功效。然而，这种水果对大多数消费者来说还较为陌生。刺梨果实带有细小的尖刺且味道酸涩，不适宜直接食用。因此，尽管这种水果在云贵高原地区广泛分布，但过去并未给贵州人民带来经济实惠。

　　广州医药集团有限公司（以下简称广药）在贵州进行对口扶贫时，将目光投向了这种"个性十足"的小众农产品。2018年底，广药开始支持贵州开发刺梨产业，旗下的广州王老吉大健康产业有限公司作为主要扶持团队，仅用90多天就以刺梨为原料开发出了"刺柠吉"系列产品，并成立了贵州王老吉刺柠吉产业发展有限公司，推动刺梨产业规模化、标准化和科技化发展。在王老吉品牌的支持下，2019 年，刺柠吉产品上市不到一年销售额就突破了 1 亿元，而到 2021 年更是达到了 10 亿元。

请思考：广药对贵州进行扶贫的动机是什么？为什么它会选择这种扶贫方式？

3.1 社会责任与竞争力

企业在做出是否以及多大程度上履行社会责任的决策时，往往关心两个重要问题：履行社会责任能否为企业带来竞争力和竞争优势？怎样履行社会责任才能为企业增强竞争力和竞争优势呢？

3.1.1 履行社会责任能否带来竞争力

企业竞争力是指企业可持续地实现其双重目标的能力，即在盈利的情况下满足客户要求。[1]为了实现这种能力，企业需要提供优于竞争对手的商品和服务，以创造客户价值。[2]对不同类型的企业来说，竞争力的表现形式会存在差异。企业竞争力反映在企业业绩和股票价值上，所以具有战略竞争优势的企业理应是能给股东和其他所有者群体带来中上水平回报的企业。

与此相似的一个概念是核心能力。根据哈默和普拉哈拉德（Hamel & Prahalad, 1990）的定义[3]，核心能力是一系列技能和技术的组合，能使公司为客户提供特定的利益。具体来说，核心能力是那些难以被竞争对手模仿的相互补充的知识和技能的组合，它们使公司能够以最佳水平执行一个或多个关键流程，以多种方式创造巨大的客户价值。换句话说，

---

[1] CHIKAN A. National and firm competitiveness: a general research model[J]. Competitiveness review, 2008, 18(1): 20-28.
[2] BHAWSAR P, CHATTOPADHYAY U. Competitiveness: review, reflections and directions[J]. Global business review, 2015, 16(4): 665-679.
[3] PRAHALAD C H, HAMEL G. The core competence of the corporation[J]. Harvard business review, 1990, 68(3): 295-336.

核心能力是"学不会，偷不走，买不来，溜不掉"的。核心能力能够转化为企业的竞争优势，而企业一旦获取了竞争优势，尤其是可持续的竞争优势，就很难被竞争对手模仿，不会因为外在环境的变化而轻易失去价值。

那么，企业履行社会责任能否带来竞争力，甚至是核心能力呢？淄博烧烤的案例可以帮助我们回答这个问题。淄博作为一个中小城市，近年来其烧烤业蓬勃发展，并受到了人们的广泛关注。这背后有几个原因，社会责任的履行是其中的核心因素。在2022年，由于新冠疫情防控的需要，一万多名大学生被送到淄博市临淄区进行隔离。淄博政府像对待自家孩子一样照顾这些大学生，在他们离开之际还为他们准备了当地特产作为礼物，并安排了一顿临淄风味的烧烤晚餐。当时大学生们约定，在明年春暖花开之时再回淄博共享烧烤美食。出人意料的是，这个简单的约定激发了大学生们感恩回馈的心，他们如期来到淄博，并在抖音和微信视频号上分享他们品尝烧烤的经历，使淄博的烧烤业迅速走红。

与此同时，淄博的烧烤业主在经营过程中高度重视社会责任。他们注重食品安全和质量，积极采取措施确保食材的新鲜和卫生，以保障消费者的健康和安全。这种对社会责任的践行帮助烧烤业主树立了良好的形象，赢得了消费者的信任和口碑，帮助淄博的烧烤业主建立了核心竞争力。

淄博当地政府在推动烧烤业发展中承担了一定的社会责任。他们积极引导和规范烧烤业，制定相关的管理措施和标准，加强监管力度，并提供支持和培训，提升从业人员的专业素养。政府的举措有助于培养出一支合格的从业人员队伍，进一步提高整个行业的服务水平和竞争能力。淄博还打造了一个完整的烧烤文化产业链，通过举办各类烧烤节、烧烤比赛和文化交流活动等，推广烧烤文化，增强了城市的品牌形象和知名度。这种积极承担社会责任的行动吸引了大量游客和外地消费者前来淄博体验烧烤文化，推动了城市的发展。该案例表明，企业和城市可以通过履行社会责任提升核心竞争力，获得更多的支持和认可，并为可持续发展奠定基础。

资源基础理论可以帮助我们分析履行社会责任行为能否给企业带来竞争优势以及原因。资源基础理论认为[1]，企业的持续竞争优势取决于其拥有和整合一系列有价值、稀缺、无法模仿和无法替代的资源与能力。根据资源基础理论，企业的资源包括物质资源（如生产设备、技术知识），无形资源（如品牌声誉、专利权）以及组织资源（如管理系统、员工能力）。这些资源可以通过组织能力，例如创新能力、学习能力和适应能力等进行整合和协调，从而形成核心竞争优势。

从资源基础理论的角度来看，企业社会责任实践可以为企业带来竞争优势。首先，积极履行社会责任有助于树立良好的信誉和声誉。企业不应只追求经济利益，也应关注社会和环境影响。这种做法被广泛认可，能够受到更多客户、投资者和员工的青睐，提升企业在市场上的地位和品牌价值。

其次，社会责任实践增强了企业获取资源的能力。与各利益相关方（如社区、政府、非营利组织）合作开展社会责任项目，可以获得额外的资源支持、信息和合作机会。这些资源具有战略价值，能为企业提供创新能力、技术知识和市场洞察力等优势，进一步巩固其在市场中的地位。

再次，积极参与社会责任活动还有助于企业与利益相关方建立良好的关系网络。建立与客户、供应商、员工和社区之间的信任与合作关系，为企业提供独特的商业机会和资源支持，使企业能够更好地适应市场变化和需求。

最后，通过社会责任实践，企业能够创造共享价值。关注社会和环

---

[1] BARNEY J, WRIGHT M, KETCHEN D J. The resource-based view of the firm: ten years after 1991[J]. Journal of management, 2001, 27(6): 625-641.

境的可持续发展的做法有助于解决社会问题，提高社会福利水平，并为企业创造更加稳定和可持续的商业环境。这种共享价值的创造能够满足消费者对可持续产品和服务的需求，获得更多来自消费者的支持和认可。

3.1.2 履行社会责任能否提升财务绩效

在过去40年，有数百项实证研究试图验证企业社会责任绩效和企业财务绩效之间的关系。有些研究认为，企业好的社会责任绩效为企业带来了好的财务绩效，另一些研究认为，是企业优异的财务绩效推动了企业的社会责任绩效。那么，真相到底是什么呢？有位学者做了一项非常严谨的研究[1]，2009年，通过使用180家美国公司的匹配样本分析了企业可持续发展战略对组织流程和绩效的影响。研究发现，那些在1993年以前自愿采纳可持续发展战略的公司（即高可持续性公司），与那些几乎没有采纳这些政策的公司（即低可持续性公司）相比，呈现出独特的组织流程。高可持续性公司的董事会更有可能正式负责可持续发展（E），并且高管人员的薪酬激励更有可能与可持续发展指标挂钩。高可持续性公司更可能建立利益相关者参与的流程，且更注重长期发展（S）。同时，这些公司也具备更高水平的非财务信息测量和披露能力（G）。最后，从股票市场和会计绩效角度来看，高可持续性公司在长期内的股票收益率和资产回报率明显优于同行业其他公司。

埃森哲的首席领导力和人力资源官 Ellyn Shook 和全球可持续发展服务负责人兼首席责任官 Peter Lacy 于 2015—2018 年间调查了 2 540 家上市公司[2]，他们对这些企业的可持续性和信任水平、创新性与财务业绩做了详细研究。研究发现，将高水平的创新与可持续性和信任度相结合的公司，其表现要优于同行，营业利润和股东回报率比同行要高出 3.1%；而那些仅仅擅长创新却在可持续性和信任度方面表现一般的公司，其经

---

[1] ECCLES R G, IOANNOU I, SERAFEIM G. The impact of corporate sustainability on organizational processes and performance[J]. Management science, 2014, 60(11): 2835-2857.

[2] https://www.accenture.com/us-en/insights/consulting/responsible-leadership。

营业绩与同行并没有什么差异。

此外，企业可以通过积极承担社会责任来获得类似于保险的效益，即企业社会责任的"类保险效应"。[1]也就是说，企业社会责任能够减少企业面临的声誉风险。企业可以通过承担社会责任，提高社会形象，增加公众信任度和好感度，从而减少因为负面事件和行为而导致的声誉损失。如果一个企业在社会上树立了良好的声誉和形象，一旦出现问题，公众更愿意给予理解和支持。

综合以上调查和研究，我们得出结论，企业社会责任战略的确能够给企业自身带来核心竞争力。下面我们将讨论企业社会责任战略的制定和实施。

3.2　企业社会责任战略的制定

3.2.1　将社会责任刻进企业的愿景陈述和价值观

要想实现经济、社会和环境三重绩效的平衡，首先需要将组织的愿景、使命等和这三个维度的目标结合起来，这三个维度的目标是真正可持续经营绩效的"灯塔"。[2]因此，企业需要在设计战略愿景、使命和目标时，就定位于造福企业、社会和环境。弗里曼（Freeman）认为[3]，企业要根据利益相关者的要求重新审议他们的侧重点，然后修改他们的使命陈述，以满足利益相关者的需求和诉求。这个观点受到主流战略管理学者和实践者的推崇。例如，维特（Werther）和钱德勒（Chandler）[4]也强

---

[1] GODFREY P C, MERRILL C B, HANSEN J M. The relationship between corporate social responsibility and shareholder value: an empirical test of the risk management hypothesis[J]. Strategic management journal, 2009, 30(4): 425-445.

[2] ELKINGTON J. Cannibals with forks: the triple bottom line of 21st century business[M]. Oxford: Capstone, 1997.

[3] FREEMAN R E. Strategic management: a stakeholder approach[M]. Cambridge: Cambridge University Press, 1984.

[4] WERTHER Jr W B, CHANDLER D. Strategic corporate social responsibility: stakeholders in a global environment[M]. Boston: Sage Publications, 2005.

调,责任管理和利益相关者评估必须成为总体战略的过滤器,特别是在形成战略愿景、使命和目标的时候。大卫(David)认为[一],一个好的使命陈述能"表达一个组织对各个利益相关者给予相当的关注,以满足他们的诉求"。

企业愿景陈述的作用是为企业提供明确的目标和方向,激励员工积极追求共同目标,并引导企业的战略决策和行动。它传达了企业的核心价值观、长期目标和愿景,能够帮助企业建立和维护独特的品牌形象。将三重绩效纳入企业愿景陈述用来强调企业需关注的经济利益,以及社会责任和环境可持续发展,促使企业全面思考和平衡这三个目标。同时,令员工更加认同企业的使命感和价值观,并更好地激发工作热情,增强归属感和忠诚度。企业只有明确了长期目标,并努力在经济、社会和环境层面创造持续的价值,才能够进一步助推长期规划,实现持续成长和成功。

举例来说,默沙东的愿景和使命分别是:我们致力成为最顶尖的研究密集型生物制药公司和专注于提供领先的创新和解决方案,以满足当今和未来的需求。其价值观包括:患者为先;尊重他人;道德与诚信;创新和科研卓越。默沙东的价值观传承自其掌门人乔治·默克。他写到,"应当永远铭记,药物是为人类健康而生产,不是为追求利润而制造的。只要我们坚守这一信念,利润必将随之而来……仅仅发明了一种新药,并非已经大功告成,还要探索有效途径,使默沙东的最佳科研成果能够造福于全人类"。如今的默沙东已经是世界制药巨头公司之一,在它的成长过程中做了很多让人震撼的事情。例如,在20世纪80年代将乙肝疫苗技术转让给中国,将伊维菌素捐赠给所有需要治疗河盲症的人,直到此症完全被消灭为止。这些举措足以证明其公司理念。

与国外企业不同的是,我国很多优秀的企业往往不是叫愿景和使命,而是称为经营方针、精神或核心价值观。例如,海尔的"敬业报国,

[一] DAVID F R. Strategic management concepts and cases[M]. Florence: Pearson, 2011.

追求卓越"精神是当年张瑞敏定下的。海尔的前身是青岛电冰箱总厂。1984年，两个濒临倒闭的集体小厂合并成立了青岛电冰箱总厂，并由当时担任青岛市家电公司副经理的张瑞敏出任厂长。海尔从1984年濒临倒闭的青岛电冰箱总厂发展至今，已经成为一家享誉全球的家电集团公司，旗下有4家上市公司。其中，子公司海尔智家位列《财富》世界500强和《财富》全球最受赞赏公司榜。

胡庆余堂由清末的红顶商人胡雪岩一手创办，是我国为数不多的百年老店，宗旨是济世宁人，与北京同仁堂齐名。"庆余"出自《易传·文言传·坤文言》，原句是"积善之家，必有余庆；积不善之家，必有余殃。"其中，"庆余"的引申意思是：多行善积德，以为后世子孙留福荫。为了促使胡庆余堂践行诚信原则，胡雪岩亲自书写了"戒欺"二字，并命人将其拓印在胡庆余堂药店的牌匾上。这块牌匾上还附有以下题跋："凡百贸易均着不得欺字。药业关系性命，尤为万不可欺。余存心济世，誓不以劣品弋取厚利，惟愿诸君心余之心，采办务真，修制务精，不至欺予以欺世人，是则造福冥冥，谓诸君之善为余谋也可，谓诸君之善自为谋亦可。"这段话详细解释了"戒欺"二字的内涵，表达了诚信的核心价值。胡庆余堂国药号百年来一直秉承着"戒欺"祖训和"真不二价"的经营理念，在保护、传承、发展、推广我国五千年中药文化精华方面发挥着重要作用。

3.2.2 利益相关者识别

企业首先需要确认自身有哪些利益相关者。通常情况下，主要包含股东、员工、债权人、供应商、零售商、消费者、竞争者、中央政府、地方政府以及社会活动团体、媒体等。然而，各个利益相关者的重要性并不相同，他们各自诉求的紧迫性也不尽相同。而企业的资源是有限的，因此需要对利益相关者进行排序。

最著名的分类和排序法是由美国学者米切尔（Mitchell）与合作者于

1997年提出来的米切尔分类法[⊖]，他们将利益相关者的界定与分类结合起来，认为企业所有的利益相关者必须具备以下三个属性中的至少一个：合法性、权力性以及紧迫性，如图3-1所示。他们从这三个方面对利益相关者进行评分，进而根据分值将他们分为以下三种类型。

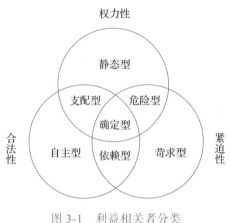

图3-1 利益相关者分类

第一类，确定型利益相关者（definitive stakeholders），他们同时具备合法性、权力性和紧迫性。这类利益相关者是企业所关注和密切联系的重要对象，包括股东、员工和客户。

第二类，预期型利益相关者（expectant stakeholders），他们具备其中任意两种属性。比如具备合法性和权力性的群体，如投资者、员工和政府部门等。同时具备合法性和紧迫性的群体，如媒体和社会组织等。还有一些极端政治和宗教主义者，以及激进的社会分子，虽然具备紧迫性和权力性，但没有合法性，他们往往借助暴力手段达到他们的目的。

第三类，潜在型利益相关者（latent stakeholders），他们只具备三种属性中的一个包括静态型、自主型和苛求型。潜在型利益相关者不太可能关注或承认企业的存在，而企业也往往会忽视他们。

⊖ MITCHELL R, AGLE, B, WOOD D J. Toward a theory of stakeholder identification and salience: defining the principle of who and what really counts[J]. Academy of management review, 1997, 22(4): 853-886.

米切尔分类法被认为比较复杂。Sirgy（2002）提出，可以将利益相关者粗略地分成三类[一]：一是内部利益相关者，包括员工、管理人员、企业部门和董事会；二是外部利益相关者，包括股东、供应商、债权人、本地社区和自然环境；三是边缘利益相关者，包括竞争对手、消费者、宣传媒体、政府机构、选民和工会等。

然而，这个粗略的排序并不能满足企业的战略定位需求。目前各大咨询机构开发出了不少为利益相关者群体排序的模型，但往往只能作为指引，因为现实要复杂得多。《经济学人》杂志在2008年做了一次大规模调研[二]，调研对象包括超过12 000名来自世界各地的高管。他们一半以上都是最高层，其中26%是CEO。调研的问题是，"在未来5年，谁会对你们的可持续发展战略产生影响"。结果显示，排名最高的四类利益相关者包括政府、竞争者、客户和监管者。同年，IBM对250家跨国企业领导人的调研则显示，在企业社会责任项目中与企业合作的利益相关者主要有员工、商业伙伴、投资人以及社群。2012年，安永对272名主要来自美国的高管和思想领袖做了调研，结果显示，客户、员工、投资人和政府是对公司推动可持续发展项目最重要的利益相关者。

根据上述调研结果，我们可以归纳出三点：第一，在不同的调研中，客户、员工、投资人和政府这几个群体一直被认定为最重要的利益相关者。第二，利益相关者群体的重要性会随着时间和环境的变化而变化，而不同的调研对象（如中级经理还是CEO）看法也会不同。第三，非政府组织曾经对企业的成功与否产生过关键影响，但在现今企业看来已经不再是最重要的利益相关者了。这些发现为我们提供了重要的理论支持，不再盲从通常的利益相关者排序，而是根据具体情况应用利益相关者排序工具，并时常更新结果。

[一] SIRGY M J. Measuring corporate performance by building on the stakeholders model of business ethics[J]. Journal of business ethics, 2002, 35: 143-162.

[二] Economist. Doing good: business and the sustainability challenge[R]. London: Economist Intelligence Unit, 2008.

3.2.3 社会问题选择

由于资源和能力限制,企业不能够对利益相关者提出的所有问题使用同样的方式来解决。相反,企业需要根据自身的情况,选择合适的社会问题作为重点。战略性企业社会责任模型由 Porter 和 Kramer(2002)提出[一],如表 3-1 所示。其核心观点是强调企业可以找到战略目标与社会目标的结合点。他们进一步提出[二],企业可以选择介入处理三类社会问题。①一般社会影响问题可能对社会很重要,但既不会受到企业运营的影响,也不会影响企业的长期竞争力。例如,如何提高人们的教育水平等。②价值链社会影响问题是指在正常业务过程中受到企业活动重大影响的问题。例如,包裹材料、卸料等。③竞争环境社会影响问题是企业所处的外部竞争环境中的关键因素,能够显著影响企业经营所在地区的竞争力。每家企业都需要将社会问题分为这三个类别,然后根据潜在影响将它们进行排名。根据波特五力模型,反应型企业社会责任只是处理前两类社会问题,是具有粉饰性的、零散的,并非心甘情愿而为之,也并未与企业战略结合,因此不具备前瞻性,也不具备生命力,它带来的所有的优势都可能是暂时的;而战略性企业社会责任聚焦于同时处理后两类社会问题,是持久的、系统的,能为企业和社会创造共同价值,并可以促使企业长期可持续发展。

表 3-1 战略性企业社会责任模型

一般社会影响	价值链社会影响	竞争环境社会影响
好公民	减轻价值链活动危害的努力	利用自身能力改善重要竞争环境的战略性慈善捐赠
反应型企业社会责任	在转变价值链活动、造福社会的同时增强自身战略的努力	战略性企业社会责任

注:该表改编自 Porter 和 Kramer(2006)。

[一] PORTER M E, KRAMER, M R. The competitive advantage of corporate philanthropy[J]. Harvard business review, 2002, 80(12): 56-68.
[二] PORTER M E, KRAMER M R. Strategy and society: The link between competitive advantage and corporate social responsibility[J]. Harvard business review, 2006, 84(12): 78-92.

早在20世纪末和21世纪初，不少汽车生产商就开始关注环保和节能减排问题。其中一些企业将环保绩效变成了企业战略，甚至是商业模式。例如，日本丰田汽车公司顺应这一趋势，于1997年推出了一款混合动力乘用车——普锐斯（Prius），成为世界上第一个大规模生产此类产品的汽车厂商。普锐斯最初仅在日本上市，自2000年起开始外销至全球40多个国家和地区。该战略为丰田公司带来了核心竞争优势，至今已经成为全球最畅销的新能源车之一。

另一个例子是本章引导案例提到的广药集团的"刺柠吉"系列产品。广药集团积极响应国家乡村振兴号召，利用自身的品牌知名度和研发优势，开发了刺柠吉和荔小吉产品，与王老吉一同凑齐了"吉祥三宝"。这一举措不仅体现了将社会责任融入企业战略的远见和智慧，也成功实现了社会和经济目标的有机结合。广药集团推出的这些健康饮品，在满足了消费者对多样化产品需求的同时，推动了乡村经济的发展。而且，这一举措也为当地农民提供了更多的就业机会，促进了乡村就业和可持续发展。广药集团对产品质量和环境友好性方面的重视进一步展现了其对社会责任的承诺。凭借这些努力，广药集团树立了企业社会责任的典范，并赢得了广泛的社会赞誉和支持。

与此类似，南通移动对数字技术在乡村治理中的应用趋势和前景有着清晰的认识。他们不计成本，积极帮助南通花园村建立了先进的数字治理平台。该平台提升了花园村的信息化水平，实现了智能高效管理，当地政府和村民可以随时通过手机或电脑获取相关信息，方便了沟通。此外，平台为村级公共服务提供了便利，村民可以较为方便地办理证件、缴费，减少了跑腿时间和成本。南通移动的支持带来了花园村的蓬勃发展，同时也为其他乡村的数字治理提供了经验和借鉴。

3.3 企业社会责任战略的实施

3.3.1 价值链社会责任战略

迈克尔·波特于 2006 年 12 月发表在《哈佛商业评论》上的文章[1]指出,企业可以将社会责任植入价值链的各个环节。该文提出了企业社会责任的价值链模型,如图 3-2 所示。在这一模型中,波特把企业的价值活动分为两类:基本活动和辅助活动。基本活动包括:内部后勤、生产经营、外部后勤、市场营销和售后服务。辅助活动包括:采购、技术开发、人力资源管理和企业基础设施。

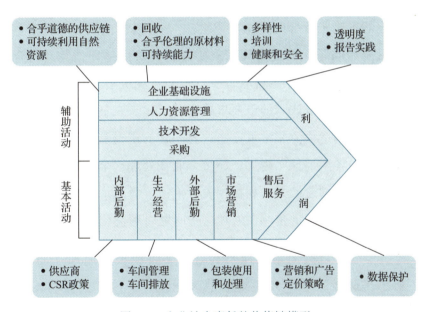

图 3-2 企业社会责任的价值链模型

注:资料来源 https://www.mindtools.com/a393i4r/what-is-corporate-social-responsibility。

所有这些价值活动都与企业社会责任有关。譬如,与技术开发相关的社会责任因素就有:企业与大学的关系,即企业是否与大学建立合作的关系,推动技术创新;技术伦理和实验伦理问题,如企业在生产过程

---

[1] PORTER M E, KRAMER M R. The link between competitive advantage and corporate social responsibility[J]. Harvard business review, 2006, 84(12): 78-92.

中是否使用动物测试等；产品安全，即企业生产出来的产品是否符合安全标准；节约初级材料，即企业是否通过开发新技术节约初级材料投入，从而达到保护森林、煤炭等初级资源的目的；产品回收，即技术革新是否有利于产品生命周期结束后的回收活动。通过逐一分析每项活动中与企业社会责任有关的问题，企业就可以清晰地勾勒出价值活动的社会影响。波特把这一方法称为自内而外的方法。

3.3.2 利益相关者互动与合作

企业可以与利益相关者积极沟通，以深入了解他们关心的问题和需求，进而促进合作和共建，这对解决风险、歧义、复杂性、模棱两可和先验的不确定性等问题至关重要。[1]企业需要向利益相关者咨询，什么是最重要的问题，以及为什么重要。这类对话是评估互动与合作重要性的关键部分。企业需要确定一些对于利益相关者来说非常重要的事项，并将其与企业自身认为的重要事项进行对比。在整个过程中，理解如何为利益相关者创造价值非常重要。这里隐含的逻辑是，如果一个问题或议题对利益相关者来说意义越大，那么企业在处理这个问题时所创造的价值也就越大。为了创造最大的利益相关者价值，应该将这些重要问题转化为具体的指标，用于衡量企业在处理这些问题时利益相关者满意的程度。

企业可以利用新媒体与利益相关者积极沟通和互动。一项研究[2]分析了《财富》世界500强企业如何利用热门社交平台Twitter（推特）与利益相关者进行对话式沟通。研究人员随机抽取《财富》世界500强企业Twitter账户及其发布的相关推文，分析了Twitter账户中相关推文的对话特征。结果显示，更愿意进行对话式沟通的组织（61%）在使用Twitter时更注重保持访问者数量，并相对较少会发生利益相关者因问

---

[1] Mitchell J R, Mitchell R K, Hunt R A, et al. Stakeholder engagement, knowledge problems and ethical challenges[J]. Journal of business ethics, 2022, 175: 75-94.

[2] RYBALKO S, SELTZER T. Dialogic communication in 140 characters or less: how Fortune 500 companies engage stakeholders using twitter[J]. Public relations review, 2010, 36(4): 336-341.

题没解决而进行回访,而不那么愿意进行对话式沟通的组织(39%)则相反。

| 拓展阅读 |

企业可以参考 SCORE 框架来推动可持续发展战略的实施。这一框架具有以下几个方面的内容:简化(simplify)、联系(connect)、负责(own)、奖励(reward)和示范(exemplify)。

- 简化,意味着将公司的可持续发展目标简化,并由管理层签署发布,以便于组织内外的人理解。
- 联系,指的是将简化的可持续发展目标与公司的发展战略和资源配置决策挂钩。
- 负责,明确由董事会设立适当的组织架构、控制系统和流程来落实目标,管理层负责在组织内传播和执行,董事会负责监督,以确保目标能有效地传播到整个组织中。
- 奖励,意味着建立以目标为导向的薪酬和晋升体系,使用财务和非财务指标来评估ESG活动及其影响力。
- 示范,通过具体案例展示公司和员工为实现可持续发展目标所做出的努力,既要有定量的数据,也要有定性的数据。

注:资料来源 Eccles 及其合作者 2020 年发表于 *Harvard Business Review* 的文章,标题为 "The board's role in sustainability: A new framework for getting directors behind ESG efforts"。

企业与利益相关者沟通和合作的最终目标是双方联手共同应对社会或环境问题。企业可以建立一套完整的问题档案,和利益相关者一起进行问题跟踪,记录已经解决了哪些问题,为利益相关者创造了哪些价值,还有哪些问题没有解决。与上述利益相关者互动与合作包括但不限于以下几点。⊖

- 确定利益相关者并分析其与企业的关系。

⊖ 资料来源:https://sfia-online.org/zh/sfia-8/skills/stakeholder-relationship-management。

- 通过协商以达成能实现互利共赢的共识。
- 管理、监控和改善与利益相关者的关系。
- 确定要采用的关系管理方法，包括界定角色与职责，完善治理结构，梳理流程，建立支持机制等。
- 结合多种因素来考虑，做出行动承诺。
- 运用正式和非正式的沟通渠道，以达到预期效果。
- 将上述承诺付诸运营实施。

如果企业在某些方面能力不足，可以选择与非营利组织合作。其中一个比较经典的案例是麦当劳与环境保护基金会（EDF）的合作。在20世纪80年代末，麦当劳面临公众压力，被要求减少包装和废弃物。然而，可见的废弃物（如保护每个汉堡的泡沫"夹套"）只是问题的一小部分。麦当劳的废弃物近80%产生于柜台后面，即食品制作和供应系统中。鉴于在这方面的能力有限，麦当劳与EDF开始了一项开创性的合作，以减少公司的废弃物。EDF项目团队分析了麦当劳在美国的运营情况，包括餐厅、配送中心和供应商，并尽可能帮助他们找出减少废弃物、增加物品重复使用率和回收利用率的方法。在接下来的十年里，麦当劳消除了超过3亿磅⊖的包装材料，回收了100万t的瓦楞纸箱，并将餐厅废弃物减少了30%。由于这些改变，再加上不再使用泡沫"夹套"，麦当劳每年节省了约600万美元。自那以后，许多市场领军企业都与EDF建立了伙伴关系，EDF为非营利组织与企业的合作开辟了新道路。

3.4　企业社会责任绩效的评估⊜

3.4.1　定性评估

企业社会责任绩效定性分析的方法主要关注图3-3所示的几个方面。

⊖　1磅=0.453 6kg。
⊜　拉什，康纳威. 责任管理原理：全球本土化过程中企业的可持续发展、责任和伦理[M]. 秦一琼，曹毅然，译. 北京：北京大学出版社，2017.

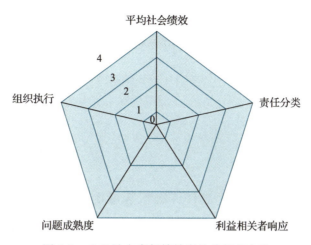

图 3-3　企业社会责任绩效定性分析的方法

注：资料来源拉什，康纳威. 责任管理原理：全球本土化过程中企业的可持续发展、责任和伦理 [M]. 秦一琼，曹毅然，译. 北京：北京大学出版社，2017.

（1）责任分类。根据卡罗尔的金字塔模型对企业社会责任进行分类。

（2）利益相关者响应。评估企业对于利益相关者需求的回应情况。

（3）问题成熟度。评估企业对问题关注的前瞻性程度。

（4）组织执行。显示企业在将利益相关者责任融入组织流程中的深度。

通过综合以上四个概念，我们可以全面了解企业社会责任绩效，包括整体社会绩效以及其在各个方面的表现。

企业社会责任绩效（CSP）的第一个维度是责任分类。根据卡罗尔的金字塔模型，企业社会责任分为经济、法律、伦理道德和慈善四个层次。企业在责任管理上的进展可以被划分为不同阶段。第二个维度是利益相关者响应，关注企业如何对待利益相关者的诉求。这包括被动应付、防御、顺应以及积极主动应对等不同层次的反应方式。第三个维度是问题成熟度，可以衡量企业在应对社会、经济和环境问题时的前瞻性。企业应对问题时的成熟度可以从"触及皮毛"到"勇闯创新前沿"进行评估。第四个维度是组织执行，描述了企业在将利益相关者责任嵌入组织流程和文化方面的深度。这包括将责任随意附加于流程上，管理执行到位，以及在战略执行层面将责任融入核心流程等不同阶段。结合 CSP 的四个维度，我们可以全面评估企业的社会责任绩效。

3.4.2 定量评估

目前有不少社会责任评级指数可供我们参考。其中，全球普遍用的是 KLD 评价方法。[①] 该方法通常跨行业收集指标，并且依赖于公司的自我披露，采用基于叙事的评分方法。KLD 最初从八个维度进行评估：社区关系、员工关系、环境、产品、对待女性与少数族裔、军火贸易、核武器、是否在南非有经营活动。具体评价体系分为两个部分：前五个维度采用评分模式，从"主要优势"到"主要劣势"按五分制进行评分；后三个维度采用筛选模式。KLD 评价方法中的许多指标至今仍然存在于国际主流 ESG 评级机构的指标体系中。KLD 最大的特点是保留了社会责任投资的筛选策略，其筛选模型是直接将涉及特定行业或有争议事项的企业剔除，而不是在对所有企业完成社会责任评分后进行淘汰。尽管 KLD 后来被 MSCI 收购，其指标体系和评价方法也发生了很大变化，但至今仍然具有较大的影响力。

| 讨论案例 |

缅甸蒙育瓦莱比塘铜矿（Letpadaung copper mine）项目是亚洲最大的湿法炼铜工程，总投资达 10.65 亿美元。然而，万宝矿产铜业有限公司（以下简称万宝矿产）在缅甸蒙育瓦莱比塘铜矿项目的开发过程中遇到了一系列挫折。首先，原运营方加拿大艾芬豪矿业公司因西方对缅甸的制裁而退出，导致项目陷入困境。2012 年万宝矿产接手项目后，当地农民、僧侣和非政府组织曾多次与其发生冲突，导致项目多次停工。这些困难主要是

---
① 资料来源：https://finance.sina.com.cn/esg/investment/2020-08-21/doc-iivhvpwy2240639.shtml。

之前西方的制裁、当地社区反对、环境保护问题以及外部势力的干扰等复杂因素所导致的。

在应对这些困境时，万宝矿产采取了一系列积极措施。他们不仅遵守合同规定，还超出要求进行了补偿和让步。为改善与当地社区的关系，万宝矿产在项目地区建造了蔬菜大棚和养鸡场，为当地增加就业机会。他们还建立了移民安置新村，帮助安置附近居民。此外，万宝矿产还提出了一系列计划书，旨在解决潜在的环境污染问题。

得益于万宝矿产的协调努力，蒙育瓦莱比塘铜矿项目于2015年7月恢复正常生产，并在2016年3月成功实现投产。这一项目的成功归功于万宝矿产积极解决与当地社区的纠纷，采取有效措施改善环境等方面工作的努力。

请思考：你觉得，造成蒙育瓦莱比塘铜矿项目多次陷入困境的根源是什么？我国企业在境外投资时，应该采取哪些措施才能有效避免和应对类似困境？

注：资料来源 https://thepeoplesmap.net/project/letpadaung-copper-mine/。

我国知名度比较高的以上市公司为对象的社会责任评级包括和讯和润灵。其中，和讯的评级与KLD的类似。当前，润灵（RKS）[1]主要是对上市公司ESG进行评级。它提供公司的ESG评级，详细呈现三级终端得分数据。同时，润灵还提供公司所在行业的ESG对比分析数据，包括每一个议题涉及的指标以及三个管理过程（即管理规划、管理执行、管理绩效）的得分，清楚显示公司在行业中ESG信息披露和管理所处的位置。此外，润灵还提供公司的ESG风险管理数据，并与ESG评级标准进行对比，甚至可以分析行业现阶段主要面临的ESG风险以及未来的前瞻性的ESG风险。

企业可以参照上述评级办法对自身的社会责任绩效进行定量评估。而投资者或者利益相关者也可以此为参照，对不同企业进行评估。

---

[1] 资料来源：http://www.rksratings.cn/show-705-17-1.html。

课后思考题

1. 不同企业的社会责任战略和形式不尽相同,为什么?
2. 企业的社会责任战略落地可以从哪些方面着手?
3. 请举一个在社会责任战略执行方面做得好的企业的例子,并说明它是如何做的。

第 4 章　伦理型组织变革

■ **教学目标**

1. 伦理与责任触发企业变革
2. 组织变革的阻力
3. 变革中的伦理与责任
4. 善用"势"推动变革
5. 提高伦理型变革能力

故兵无常势，水无常形。能因敌变化而取胜者，谓之神。

——《孙子兵法·虚实篇》

■ **引导案例**

　　龚光辉是一名 80 后，2009 年从俄罗斯留学回国，他放弃了国企的高薪，回乡创立了湖南天柱山禽业股份有限公司（简称天柱山禽业）。2013 年，禽流感在我国肆虐，对养鸡业造成了巨大的冲击，众多禽业企业和经销商陷入了困境。天柱山禽业也面临着禽流感暴发带来的危机。通常，经销商都会争相向养鸡场预付下一年的订单款项作为定金，而这一年大家都迟迟不敢下订单。但龚光辉并没有被局限于当前的困境中，他看到了这个困境背后的发展机遇：由于禽流感导致家禽供应短缺，人们对鸡肉的需求将会增加，届时肉价必定上涨，此时正是升级产能、建立现代化养鸡场的绝佳时机。龚光辉于是决定抓住这个机遇，寻求解决方案。然而，由于经销商不敢预付定金，自身财力又有限，天柱山禽业面临着筹集资金难的问题。同时，他非常关心自己养鸡场中的几十万只鸡能否顺利渡过难关。如果成功筹集到资金，他又该如何推进产能升级呢？

请思考：如果你是龚光辉，你会怎么做？

4.1 伦理与责任触发企业变革

企业变革可能由多个因素触发。一般来说，主要来自外部环境的变化，也有一些来自企业领导人的远见卓识和深谋远虑。而企业面临的社会责任压力或其参与企业社会责任的内在动机往往会成为企业变革的触发因素。总体可以概括为下面几种因素。

第一，企业的一般外部环境的变化。企业的一般外部环境指的是企业面临的 PEST 因素：政治法律（political/legal）、经济（economic）、社会文化（social/cultural）和技术（technological）等外部环境因素。这些因素对企业的经营活动具有重要影响。企业的一般外部环境的变化可能对企业的经营活动构成制约。例如，日益增强的环保要求使企业需要采取更多的环保措施，增加了企业的经营成本。同时，一般外部环境的变化也可能放松原有的制约。例如，新技术的采用可以给企业带来更多的商机和创新可能性。此外，一般外部环境的变化还可能对企业的特定外部环境产生影响。例如，政府对管制的放松可能降低准入条件，导致更激烈的竞争，而市场的社会文化偏好变化可能也会要求企业重新定位产品或服务，以满足消费者的需求。

第二，企业的特定外部环境的变化。企业的特定外部环境指的是与实现企业目标直接相关的那一部分外部环境。这种特定的外部环境对每个企业来说都是独特的，并且会随着条件的改变而不断变化。企业的特定外部环境的变化取决于企业所提供的产品或服务的范围，以及其所服务的细分市场。迈克尔·波特（Michael E. Porter）教授提出的"五力模型"是常用的分析企业特定外部环境的工具。这个模型可以帮助企业了解竞争的激烈程度，以及可能面临的外部威胁和潜在的机会。它包括供应商的议价能力、顾客的议价能力、替代品或替代服务的威胁、新进入者的威胁以及行业内竞争对手之间的竞争力量。企业特定外部环境的变化对企业的影响尤为显著和强烈，也是企业进行外部变革的主要动因。当外部环境发生变化时，企业必须进行调整和变革，以适应新的市场环境和竞争态势。

第三，顾客需求的变化。在"五力模型"中，五力之一是顾客（消费者）的能力，但其含义非常狭窄，仅限于研究顾客的议价能力，将顾客仅仅视为产品的购买者。然而，顾客不仅仅是产品的购买者，实际上，满足他们的需求是企业经营活动的核心。随着顾客的消费观念日益成熟，市场上的产品日益丰富，顾客对企业的要求也越来越高。顾客需求呈现出多样化、个性化的趋势，导致需求的不确定性逐渐增加。同时，顾客对产品的性能、质量、价格和交货期等方面的要求也日益提高。这就要求企业能够适应顾客需求的变化，并随之进行调整和变革。

第四，企业内部环境的变化。随着企业发展，企业内部环境也在不断变化，有些变化对企业有益，而有些变化可能对企业造成不利影响。当后者的变化累积得越来越多，成为企业发展的阻力时，变革就是必不可少的，否则企业很可能会被市场淘汰。常见的情况包括日益严重的官僚主义、业务流程不畅、部门之间冲突加剧、组织僵化、集体利益被严重忽视，以及缺乏创新和学习等问题。企业必须紧密关注顾客需求的变化趋势，以确保产品能够满足甚至超越顾客期望。企业需要不断创新和改进产品，提供差异化的解决方案，以迎合顾客的个性化和多样化需求。此外，企业还应注重建立良好的客户关系和沟通机制，与顾客保持密切互动，积极倾听他们的意见和反馈。

第五，突发事件带来的变化。突发事件具有突然和不可预知等特点，往往会扰乱企业原有的计划和运营方式，迫使它们面对新的挑战和机遇。当企业遭受地震、洪水或飓风等自然灾害时，就需要进行重大变革。灾后恢复和重建需要企业重新评估其设施、供应链和业务模式等方面，以适应新的条件和需求。在新冠疫情期间，许多企业被迫采取灵活的措施，如推出线上销售渠道、调整产品组合、提供远程办公等，以适应社交距离和限制措施。这些变革需要企业快速反应，并灵活调整战略，以保持业务的可持续性。此外，突如其来的技术突破（如人工智能、大数据、物联网等）也可能会对企业产生深远影响，并强制它们进行变革。企业需要探索和采用新技术，重新设计业务流程和交付方式，在提高效率、创新能力的基础上满足客户不断变化的需求。

上述变革动因可能对企业发展带来威胁，也可能带来机遇。一种变革方式是"反应式变革"，即在动因显现后进行。企业需要敏锐地察觉外部动态并及时采取行动，以应对威胁情况。通过调整战略和运营方式，企业可以规避潜在风险，并利用变革机会提升竞争力。另一种变革方式是"超前式变革"，即在动因尚未显现时实施。企业基于对未来变化趋势的预测和洞察，旨在提前调整和改进，以适应即将到来的变化。通过这种方式，企业可以主动塑造未来，并在变革中获取竞争优势。无论是反应式变革还是超前式变革，变革都是不可避免的。企业需要仔细评估风险与机遇，并制定有效的变革策略，以确保成功应对变化，实现可持续发展。

在本章开头的案例中，龚光辉展现了在逆境中看到机遇的智慧。他采取了严密的措施，比如对饲养的鸡实行封闭式管理，要求管理人员进出时必须进行消毒等。这样一来，他的养鸡场没有发生一例禽流感感染。与此同时，他成功说服了分销商将下一年的预付金转给他，他利用这笔资金对养鸡场进行设备升级。在禽流感过后的第一年，他的养鸡场获得了比往常多几倍的利润，为他进一步投资和升级改造提供了资金支持。而与龚光辉合作的所有分销商也都赚得颇丰。

| 拓展阅读 |

为了更好地了解企业的变革模式，请你考虑以下问题和解决方案。

1. 寻找变革方向。你的团队是否遇到下列问题：团队成员对企业的发展方向感到不确定？存在有关发展方向的持续争论？感到自己的努力与企业发展脱节？

解决方案：领导者应该专注于大局，将公司的活动和战略目标联系起来。制定一个跨年的宏伟目标，然后反复讲述你和你的公司将如何实现这个目标的故事，以建立共同的目标。确定重要举措，并分配给能够连接组织各学科、职能和部门的团队。在此过程中，你必须进行优先排序，甚至做一些取舍。

2. 陷入困境和怀疑。你的团队是否遇到下列问题：新想法实施陷入停滞？整个组织的员工感到疏离？达到目标所需的时间比预期的长？

解决方案：没有单个领导者能够使整个公司摆脱困境。成功只能源自重新激发团队成员的热情，而这始于让他们相信他们实际上是可以成功的。一种快速建立能量的方式是迅速取得一些胜利。

3. 一致但受限。你的团队是否遇到下列问题：团队成员觉得自己在泥泞中行走？担心自己没有合适的人才？很难接受正在发生的一切？

解决方案：企业需要确定和突破其能力瓶颈，可能需要对优先事项重新排序，并在最需要的地方增加资源，如可以通过引入新的人才和帮助现有人才发展新技能，来弥补整个组织中的关键能力差距。

4. 进步困难。你的团队是否遇到下列问题：团队成员感到疲惫？似乎精力不够用？在做出决定和适应环境变化时反应迟钝？

解决方案：这类企业需要预测研判即将发生的事情，并相应地调整计划。为了推动这种转变，必须首先审视自己的战略方向是否依然正确。如果不是，需要重新对优先事项进行排序并重新分配资源，以准备好迎接下一阶段的比赛。

注：改编自 Cascio 2005 年发表在 *Academy of Management Executive* 上，题为"Strategies for responsible restructuring"的文章。

4.2 组织变革的阻力

组织变革可能遭遇很多阻力，尤其是大企业。信息杂音是阻力的来源之一。在环境高度不确定的时候，市场上的数据越多，企业采取行动的自由度就越低，因为其他人也会看到同样的机会和风险并做出反应，这被称为"信息－行动悖论"。[1]每个公司的信息门槛都不一样。小规模企业既没有太多业务可失去，也没有太多利益相关者需要支持，可以在较少的信息下行事。但对于规模较大的老牌企业的高管，则需要更多的信息来说服自己和利益相关者，让他们相信有必要采取大胆的行动进行变革。如果上述"信息－行动悖论"使得企业犹豫不决，则可能错失变革的最佳时机。

即使企业决定变革，也可能面临内部的变革阻力。其中，最大的阻力往往是惯性思维。常言道："习惯成自然。"然而，成也萧何，败也萧何，当外部环境较为简单时，惯性思维可以帮助节约时间和成本。但当环境较为复杂或发生根本性变化时，惯性思维却往往成为思想的桎梏、变革的阻力。组织变革之所以会受到惯性思维的阻碍，主要是因为领导者和组织成员的基本假设、价值导向和行为意向容易产生惰性。[2]

第一，基本假设形成的惰性。人们的思维体系往往建立在一些并不显而易见的基本假设或信念上，这些基本假设或信念会随着时间积累让人产生惰性。思维体系的基本假设或信念是组织成员思考问题的基础和出发点，就像几何学中的公式和公理一样，是整个思维体系的基石。这些基本假设并非主观臆造，而是对过去经验或理论的基本总结，并逐渐在组织内达成共识。例如，某个组织过去的成功经验可能依赖于特定的市场策略，这一点成为该组织的基本假设。成功与失败的经验，在很大程度上塑造了组织成员应对问题的思维方式，并在组织内部形成了共同

---

[1] SIREN P, ANTHONY S D, BHATT U. Persuade your company to change before it's too late[J]. Harvard business review, 2022, 100(1-2): 49-53.
[2] 杨百寅，齐明正，单许昌. 组织变革的阻力、动力与用势[J]. 清华管理评论, 2019 (Z1): 53-60.

的认知。当面临新问题时,组织成员往往将不佳结果归咎于市场策略不足,而非其他具体原因。这种组织的思维基石,隐藏在组织成员行为的背后,当遇到冲突时才会显现出来。若组织面临内外挑战的根本变化,而组织成员仍然以之为出发点进行思考,将遭受重大挫折。为了更好地应对新挑战,需要形成新的基本假设,调整思维的前提和边界。然而,并不是每个组织成员都具备自觉反思这些深层次假设的能力和品质。组织成员往往会以"这是我们组织的惯例"或"这是我们的工作方式"等言辞来维护原有的基本假设或信念,极易让人形成强烈的惰性。例如,诺基亚曾是全球手机巨头,如今在市场上很少见到人们使用诺基亚手机。这个失败案例体现出该企业领导层对于产品的基本假设缺乏深刻反思。

第二,价值导向形成的惰性。某种思维体系的价值导向会促使人的思维形成惰性。每个人和组织对行为与事物的有用性的判断是不同的,这决定了不同的价值导向。例如,雷军将手机定义为多功能载体,注重智能化、外观、便捷性、性价比和用户体验,从而取得了成功。不同的组织也对组织的功能有不同的认识和导向,有些主张追求资本收益最大化,有些则注重组织成员的利益最大化。这些价值导向并非偶然形成,而是为应对外部和内部挑战而设定的目标。在实践中,个人和组织会对事物的功能进行排序与选择,确定自己的价值导向。一旦确立,就会产生路径依赖。组织成员会以维持原有的价值导向为由,强调"这是我们专业做的事情""我们要坚定目标""大家要团结一致"等口号。

第三,行为意向形成的惰性。某种思维体系的行为意向也会产生惰性。一旦组织确定了目标和思想起点,就会形成一系列连接起点和目标的固定环节,即路径依赖。这些环节很难改变,除非有重大变革。举个例子,有些组织强调互相点头微笑能促进良好人际关系,因此要求所有成员无论真假都必须这样做。类似地,一些组织有不成文的规定,要求成员必须加班,哪怕工作已经完成。这导致成员不敢按时下班,并被迫做出加班的样子,形成了一种规则惰性。有些组织规则已经严重落后于市场变化,但由于习惯性遵守,仍然被坚持。尽管这些规则降低了效率甚至产生负面效果，但人们仍然在延续。在生产型企业中，过去垂直管理模式有效，但随着市场需求的变化，消费者对个性化产品的需求在逐步上升。对此，一些企业采用扁平化管理，减少层级审批，缩短产品设计到生产的时间，从而大幅度提高了效率。

4.3 变革中的伦理与责任

在企业变革过程中，可能涉及以下几个伦理或社会责任问题：企业的变革措施可能对员工的权益产生影响，如岗位裁减、薪酬调整或职业转变。在这种情况下，企业应确保尊重员工权益，提供适当的补偿和支持措施。一些企业变革可能会导致就业机会减少，对当地社区产生负面影响。企业应该积极采取措施来减少这种影响，例如提供培训机会或支持创业项目。某些变革还可能会对环境产生负面影响，如资源消耗增加或排放增加。企业应该积极采取可持续发展的措施，减轻其对环境的不利影响，并推进环境保护和可持续发展目标。此外，企业变革还可能会威胁到各种利益相关者的利益，包括股东、客户、供应商等。企业应该积极考虑这些利益相关者的权益，并在变革过程中进行积极的沟通和协商。

最典型的例子是博帕尔灾难，这是发生在印度中央邦博帕尔的联合碳化物印度有限公司农药工厂的气体泄漏事件。这个事件被认为是世界上最严重的工业灾难之一。超过 50 万人暴露在甲基异氰酸酯（MIC）气体和其他化学物质的影响下，他们遍及工厂附近的贫民窟。官方初期报告的死亡人数为 2 259 人。然而，中央邦政府后来确认与气体泄漏相关的死亡人数总数为 3 787 人。另外，据报道，此后还有数千人死于与气体相关的疾病。

联合碳化物印度有限公司农药工厂始建于 1969 年，在 1980 年开始生产西维因（SEVIN）杀虫剂。最初工厂有一位具有良好安全意识和操作经验的非本地雇员担任厂长，实现了 50 万小时无误工事故的优秀安全纪录。然而在 1980 年，工厂决定让一位印度本地员工接替厂长职务，尽管他对安全和生产要求知之甚少。由于干旱等情况，从 1982 年开始，印度国内市场对该工厂产品的需求减少，导致销售额下降了 23%。在事故发生前，由于市场需求疲软，工厂停产了 6 个月。其间，工厂采取了一系列节约成本的措施，如缩短员工培训时间、减少员工数量、聘请廉价承包商、减少设备维护等。这些措施导致工艺管理混乱，未能严格按照安全操作规范进行，最终造成了事故的发生。

博帕尔灾难对工厂员工、居民和环境等产生了严重危害，并为我们敲响了警钟，[一]由此也引发了有关企业责任、工业安全和受害者赔偿的辩论与法律斗争，引起了全球对化学行业更强监管和安全措施的关注。尤其是，这次灾难提醒我们，不能为了追求短期利润而一味地缩减成本，而是需要在变革中审慎权衡成本和安全的关系。虽然成本控制是企业的重要目标，但不能以牺牲生产安全为代价。只有保证安全，企业才能够获得持续的发展和信任。

研究表明，遵循以下建议可以促进企业承担重组过程中的社会责任。[二]

第一，仔细考虑重组的理由。除了分析投资收益，还需考虑重组过程中为客户提供服务能力的影响。是否有明确的长期战略计划，涵盖未来使命、愿景和核心竞争力？是否考虑了外部环境、行业变化、商业周期、国际化程度、市场细分和产品生命周期等因素？是否计划重新设计流程，并保留对未来成功至关重要的高绩效员工？是否计划出售无利可图的资产？裁员是否作为整体策略的一部分？这些因素都可能影响重组的必要性。

第二，考虑稳定性的益处。在许多情况下，只有为员工提供独特的

[一] MAITLIS S, SONENSHEIN S. Sensemaking in crisis and change: inspiration and insights from Weick (1988)[J]. Journal of management studies, 2010, 47(3): 551-580.
[二] CASCIO W F. Strategies for responsible restructuring[J]. Academy of management perspectives, 2005, 19(4): 39-50.

技能组合和归属感，企业才能保持较高的效率。团队成员之间的相互了解和信任，以及每个成员掌握广泛的技能以替代缺席同事，这些都对团队发挥最佳作用至关重要。此外，利润分享作为奖励的制度仅当员工参与利润分配时才具有意义。有时候，稳定性的好处胜过变革的潜在好处。

第三，在做出最终重组决策之前，管理者应告知员工，并征求他们的意见。员工可能提出有见地的想法，从而减少裁员的必要性。即使裁员是必要的，征询员工意见也有助于培养参与感、归属感和个人控制感。特别是要努力征询"明星"员工或舆论领袖的意见，因为他们可以向其他员工传达重组的理由和策略，并建立员工对重组决策的信任。

第四，不要将裁员视为应对长期问题或获得短期目标的"快速解决方案"。首先考虑其他选择，并确保所有管理层级都承担相应的责任，并参与任何要求员工付出牺牲的行动。将裁员作为最后的解决方案，而不是首选方案。

第五，如果裁员是必要的，请确保员工认为裁员决策的过程公平，并以一致的方式做出决策。尤其要努力挽留最优秀的员工，并尽可能提前通知已确定被解雇的员工。

第六，通过各种途径定期进行沟通，确保每个人都了解新的进展和信息。可以使用通讯简报、电子邮件、视频会议和员工会议等方式进行沟通。与员工共享机密的财务和竞争信息可以建立信任和诚实的氛围。高层管理人员应该在这个过程中积极参与并展示自己。确保下层管理人员接受过培训，能够妥善处理被裁员工和留用员工所关心的问题。

第七，为留用员工提供留下的理由，为潜在新员工提供加入的理由。正如一些作者指出的："人们需要相信企业才能使其运转，但他们需要看到它运转才能相信它。"请意识到留用员工最终是你所依赖的人，他们将为企业提供创新、优质的客户服务和营造积极的企业文化，这些都将吸引和留住顶尖人才。尽一切努力确保他们对企业的承诺和信任。

第八，为员工及其管理者提供新运营模式的培训。重组意味着变革，各级员工都需要帮助应对涉及组织架构变化和业务流程重新设计等方面的变化。有明确的证据显示，增加重组后培训预算的企业更有可能实现生产效率、利润和质量的提高。

第九，根据公司面临的战略或环境变化，仔细审查所有人力资源制度。尽管为员工提供新运营模式的培训很重要，但其他人力资源制度同样重要。这些制度包括基于业务战略、市场、客户和预期经济状况进行的人力资源规划；根据对新员工数量和技能组合变化的需求进行招聘与选拔；根据工作内容的变化进行绩效评估；根据技能要求或职责变化进行薪酬调整；并在重组过程中根据需要将员工及其工会纳入劳动关系。

4.4 善用"势"推动变革

我国传统文化中强调"势"的重要性，产生了诸如"势如破竹""顺势而为""强者造势，智者乘势"等词汇。而"势"的概念具有丰富的哲学基础，被视为人们在实现行动目的时可以依附的一种间接效能，人们具有改变势的能动性（如"造势"）。井润田及其合作者的研究发现，不少企业善于利用"势"来成功实现变革。[一]企业想要用好势，主要注重以下三个方面，如图 4-1 所示。

首先，识"势"。小米对势的识别以及乘势而为给了我们很好的启发。[二]"站在风口上，猪都会飞"是雷军提出的口号。这句口号传达的意思是，选择正确的时机和趋势，可以帮助我们取得成功。回顾过去的经验，雷军总结了他的第一原则："懂得顺势而为，绝不要做逆天而动的

[一] 井润田，程生强，王文静. 探索"风口法则"的理论智慧：基于案例诠释和情景实验的混合研究 [J]. 管理世界，2023（10）：169-189.
[二] 杨百寅，齐明正，单许昌. 组织变革的阻力、动力与用势 [J]. 清华管理评论，2019（Z1）：53-60.

事情。"当互联网思维初露锋芒时,雷军对"互联网"进行了重新解读:"互"表示互动,主要是指软性的互动,例如注重与粉丝的互动;"联"表示联合,主要是指供应链的联合;"网"指的是网络,主要指投资网络和产品生态系统。到了 2014 年,"互联网+"成了风口,雷军利用这一趋势推出了小米手机产品。小米手机具有以下特点:性价比高,注重与客户的互动,通过电商平台减少中间环节,通过论坛、微博等方式解决用户问题,等等。这些措施帮助小米手机顺利地发展起来。

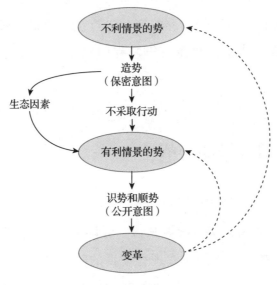

图 4-1 变革中的"势"

其次,顺"势"。顺势而为,可以帮助企业迅速抓住机遇,提高效率,加快成长速度,从而形成自身独特的竞争优势。在 1993 年上市之前,美的集团一直以家族企业的形式存在,而今已经是全球经营的科技集团。为了能够上市,集团必须进行治理结构的改革。当时的负责人何享健采取经济补偿的方式"劝退"了一些创业元老,包括担任仓库管理员的妻子。随后,通过对事业部进行改革,巧妙地"劝退"更多的创业元老,公司建立了一支新的专业经理团队。2012 年,方洪波接替何享健成为美的集团董事长,并担任美的电器的董事长兼总裁,这标志着公司完成了变革,全面进入了由职业经理人运作的时代。如今,美的集团已经从一家传统的家电企业转变为全球知名的跨国公司。

最后，造"势"。[ⓧ]中国文化中，"造势"是指为了营造良好的局面而提前布局，这种做法是后来能够顺利实施"顺势而为"或达到"无为而治"境界的基础。《孙子兵法》中的"庙算"和"兵者，诡道也"说的就是造势。开战前的造势是制定战略战术，而开战过程中的造势则是一种动态的变化。例如，2006 年之前，成都公交集团存在领导班子长期没有调整、薪酬结构不合理、公交路线冗余且混乱等问题，导致企业经营困难。为了成功实施变革，新任董事长上任后，经过认真调研，开始为变革造势。首先，他对高级管理人员岗位进行调整，促使大家达成对变革的共识。其次，他重新调整了薪酬结构，加强了绩效考核。而过度竞争问题的解决，则是通过改变竞争对手的议价能力。经过三年的努力，企业的管理效率大幅提升，带来了更高的盈利能力，员工们也变得更加幸福，工作积极性大幅提升。与此同时，他还通过引入安全里程累积制度，有效提高了企业整体的安全意识和服务质量，使事故发生率大幅减少，进一步改善了公众对成都公交集团的认知和社会评价。

4.5 提高伦理型变革能力

无论是否变革，有远见的组织总是会采取措施，提高组织自身的变革能力，保持自身的弹性，以应对动态变化的环境。我们可以通过以下办法提高变革能力。

4.5.1 培养企业的怀疑能力

如果环境是动态复杂的，就不可能提前知道和理解一切，因此企业需要有能够怀疑现有见解的能力。既然怀疑能力对于处理动态复杂性的

[ⓧ] JING R, VAN DE VEN A H. A yin-yang model of organizational change: the case of Chengdu Bus Group[J]. Management and organization review, 2014, 10(1): 29-54.

组织至关重要,那么企业就应该培育并强化怀疑能力。

一个管理者如果思维狭窄且带有偏见,那么他只能看到问题的一面,无法充分考虑不同因素和利益相关者的需求。相反,拥有矛盾精神的管理者能够站在不同的立场上思考问题,权衡各种选项和影响因素,做出更全面和有效的决策。

为培养企业的怀疑能力,应对环境的不确定性,企业需要更加密切地关注环境变化,并确定自身的变革能力。这意味着企业需要深度了解自己相对于竞争对手的位置,并明确哪些方面是可以改进的,哪些是必须改进的。

企业需要从过去的成功或失败经验中学习,但这并不容易。为鼓励企业领导者和员工认真分析成功或失败的原因,并从中吸取经验与教训,可以将企业的成果与管理者的个人回报关联起来。无论是财务奖励还是声誉奖励都能有效地激励人们。显然,关键是要在激励管理者寻求改进的同时,不要对失败的管理者施加过高的惩罚,以免阻碍数据收集和分析的进行。

此外,人们往往倾向于把成功归结为自身因素,而把失败归结为外部因素,这是归因错误,是一种认知偏差。尽管在生活中的每个事件都会受到一些外部影响,但仅仅将失败归因于此是不能更好地为未来做准备的。

而管理者的自大和缺乏进取心往往使得他们对外部环境不够敏感,从而加重这种认知偏差。此时,矛盾精神至关重要。⊖矛盾精神使管理者能够同时持有几个相互对立的观点或看待问题的角度,从而更全面地理解和分析企业面临的复杂情况。在这个背景下,矛盾型领导力主要表现为以下五个方面⊜:将以自我为中心和以他人为中心相结合;保持距离和

⊖ KRAMER E H. Organizing doubt: grounded theory, army units and dealing with dynamic complexity (Vol. 22)[M]. Copenhagen: Copenhagen Business School Press DK, 2007.
⊜ ZHANG Y, WALDMAN D A, HAN Y L, et al. Paradoxical leader behaviors in people management: antecedents and consequences[J]. Academy of management journal, 2015, 58(2): 538-566.

亲近的平衡；保持决策控制的同时，允许自治；强制执行工作要求，同时允许机动性；统一对待下属，同时允许个性化。

4.5.2 建立弹性企业组织

处理当前和即将发生的变化时，企业不要仅仅从各个项目的角度出发，而应从整个企业组织转变的角度来考虑。将这些变化视为资产负债表上的挑战，并积极投资于建立弹性组织文化，以获得持续成功所必需的能力。"组织弹性"是指组织承受压力、恢复关键功能并在变化的环境中茁壮成长的能力。[一]在当今商业环境变得越来越动态和不可预测的情况下，组织弹性显得特别重要。这是因为许多根深蒂固的力量正在对商业系统施加压力，包括技术进步的加速、全球经济的紧密联系、地缘政治冲突，以及更广泛的全球问题如不平等加剧和气候变化等。

一般来说，拥有弹性文化的组织具有如下特征[二]：首先，弹性企业组织注重客户基础。在旅游业需求急剧减少的时候，美国运通银行旗下的美国运通白金旅行服务向忠诚的客户发送礼物，以向他们表示感谢。这些经常使用该服务的客户获得了价值数百美元的旅行相关物品，包括随身行李箱、音乐播放器、耳机和数码摄像机等。

其次，弹性企业组织在逆境中展现创新能力。苹果公司是一个很好的例子。在音乐播放器和手机行业的产品开始同质化的时候，苹果带来了非常简化且设计精美的产品，从而改变了整个公司的形象。

再次，弹性企业组织注重领导者的投资。在政府机构对承包商的要求日益提高的背景下，某家承包商给予30名部门经理连续两天的休假，让他们参加一次培训课程，该课程主题涵盖了弹性领导力培养和"心理

[一] REEVES M, WHITAKER K. A guide to building a more resilient business[J]. Harvard business review, 2020, special issue: 2-8.
[二] EVERLY G S. Building a resilient organizational culture[J]. Harvard business review, 2011, 10(2): 109-138.

盔甲"理论[一]，即最新的个人压力管理方法，这种做法促进了该企业组织的弹性发展。

最后，弹性企业组织注重员工各个层级的投资。新冠疫情后，很多企业加大了对员工健康与福利的投入，员工身心健康成为企业关注的重点。与此同时，企业组织对员工职场健康的关注也已经成为员工选择工作的重要因素。全球领先的医药健康企业赛诺菲，其薪酬及绩效负责人在接受采访时表示："赛诺菲的雇主价值主张是多元和包容，健康职场是多元包容的基础，是金字塔的底座。"[二]

4.5.3 建立伦理型变革团队

变革为下一代领导者提供了最好的训练机会。如果你想打破旧的模式，创造新的模式，并提高关键的变革能力，那么你有很多事情要做：你需要先建立变革团队，协调团队的努力，然后设立一个共同的目标，并制订可行的行动计划。建立一个强大的变革团队是至关重要的。这个团队应该由不同领域的专业人员组成，他们具备各自独特的技能和经验。通过集结拥有不同背景和观点的成员，团队能够在面对企业变革时更加全面地思考问题，并提供创新的解决方案。

华为的例子给了我们很好的启示。[三]为了更好地应对变革，华为在组织架构中设立了变革指导委员会、变革项目管理办公室和变革项目组这三个层级的变革管理架构。变革指导委员会通常由公司董事长担任主席，资深的创始人或咨询公司担任委员会顾问，各公司一级部门负责人担任委员。变革指导委员会负责重大决策和把握变革方向。变革项目管理办公室负责具体事务、资源协调和沟通工作，往往由企业高管担任主任。

[一] 奥地利心理学家威廉·赖希在《性格分析》中提出。
[二] 资料来源：https://new.qq.com/rain/a/20230425A03JHW00。
[三] 资料来源：https://baijiahao.baidu.com/s?id=1670712979536397014。

首先，每个企业变革项目由专门的变革项目组来执行，该项目组由变革项目管理办公室领导。变革项目组分为核心组和外围组，核心组成员全职参与变革，而外围组成员则兼职参与变革。核心组成员往往是业务部门负责人，他们脱离原岗位，全身心投入到变革中，没有退路。领导者的晋升与变革的成功密切相关，变革成功后，他们有机会晋升到更高级别的职位；而如果变革失败，则可能会被撤职。因此，每位参与变革的领导者都会积极主动地推动变革。这种方式也有助于华为培养领导者的全局视野。从这个组织架构可以看出，在华为，变革是由高管层带头进行的。高管们需要成为"第一个吃螃蟹的人"，率先做出改变，才能使变革成功。华为通过制度化的方式将变革融入组织中，使其成为常态。每次变革都不是一次性行动，而是一个"去制度化—组织重构—再制度化"的过程。华为在变革中不断成长，同时也在成长中推动变革。

其次，确保团队成员了解和认同伦理核心价值观，其中可能包括诚信、尊重、责任、公正等基本价值观。明确并强调这些价值观的重要性，以指导团队成员在变革过程中的行为和决策。制定明确的伦理准则和行为规范，并与团队共享，包括在变革过程中应遵守的道德准则。这些准则有助于团队成员明确行为边界，防止道德问题的发生。提供伦理培训和指导，帮助团队成员进一步提高对伦理问题的理解和应对能力。培训形式可以包括案例研究、角色扮演等，引导团队成员在实际情况中正确处理伦理挑战。

再次，协调团队的努力是确保变革成功的关键。领导者需要有效地分配任务和资源，确保团队成员之间的合作和协作。同时，领导者还应该鼓励团队成员积极参与，发挥个人才华，激发创造力和创新意识。设立一个共同的目标是推动变革的动力源泉。明确的目标可以激发团队成员的热情和奋斗精神，并为他们提供方向和集中注意力。建立团队合作和互助的氛围，鼓励团队成员相互支持和帮助，以共同应对伦理挑战。此外，建立伦理倡议或项目，让团队成员参与其中，推动伦理价值在整个团队中获得认同并用于实践。

最后，制订可行的行动计划是实现变革目标的关键步骤。行动计划应该包括具体的任务和时间表，并根据实际情况不断进行调整和完善。领导者需要监督和评估团队的发展，并采取必要的措施来解决问题和挑战。定期监督团队成员的伦理行为，及时纠正和指导。通过表扬和奖励优秀的伦理表现，强调团队对伦理行为的重视和认可。

| 讨论案例 |

2018年，Cox被选为澳大利亚KWM律师事务所的CEO。KWM是澳大利亚顶级律所，财务状况良好，并被澳大利亚法学院毕业生视为首选雇主，为包括许多蓝筹公司在内的企业客户提供服务。但目前有四个较明显的迹象表明市场即将发生重大变化：越来越多的科技型律所承诺利用机器学习等技术提供例行法律服务，以提高效率；许多客户因为高昂费用，建立了内部法律顾问；领先的会计公司（如毕马威和普华永道）公开宣布计划发展自己的法律服务业务；年轻律师对长时间且单调的工作（如校对文件和核对引用等）感到沮丧。

Cox确信上述迹象对KWM的运营构成了实质性威胁，但他个人的信念并不足以推动律所实施变革。原因在于KWM所需的变革并不像亚马逊进军云计算市场那样大胆跃进，也不需要重新调整产品组合（这些可以由CEO或少数决策者推动）。KWM的变革是运营方式的变革，这要求所有合伙人和律师改变思维方式，但目前并没有明显的动力令所有人这样做，因为目前KWM的业务状况良好，行业协会的市场增长预测等公开指标都表明其将保持健康发展。Cox知道自己面临着艰巨的任务，且律师们天生厌恶风险，他们往往在寻求完备的信息后做出决策，而当前的信息是不完善的。Cox清楚，如果等到能够验证他的直觉的完备数据出现后再开始变革，将为时已晚。请问如果你是Cox，你该如何说服大家呢？

注：案例改编自Siren等人2022年发表在 *Harvard Business Review* 上，题为"Persuade Your Company to Change Before It's Too Late"的文章。

课后思考题

1. 企业变革过程中可能会涉及哪些伦理问题？我们该如何防范和解决？
2. 从我国传统文化的角度看，如何利用"势"推动企业变革？
3. 如何建立具有弹性的企业组织文化？

PART 3 第3篇

治理机制设计与领导力培养

第 5 章　治理难题与治理机制设计

- **教学目标**

  1. 公司治理难题
  2. 治理问题产生的原因
  3. 传统公司治理机制的设计
  4. 有效治理的机制和结构设计探讨

  大海之所以伟大，除了它美丽、壮阔、坦荡外，还有一种自我净化的功能。

  ——康德

- **引导案例**

  一个夏日的午后，办公室里凉爽怡人。申太集团董事长杜晓龙站在通透明亮的落地窗前，心情却非常焦虑。办公桌上，放着审计监察部的一份调查报告。报告证实了集团旗下某上市公司董事长兼总经理张皓在光伏电站建设招标过程中收受工程总承包方大额现金，创造有利条件并最终促使阿尔公司中标的匿名指控。而张皓在集团创业阶段曾几度帮公司渡过难关，是他的得力干将，同时，张皓曾在国外留学，给企业带来了先进的管理理念。

  近年来申太集团投入了大量的人力和物力进行内部风险控制体系建设，制定了"干部道德守则""十条禁令"等多个文件，对通过公事为个人谋取私利的行为一直采取零容忍态度。申太集团之所以能够从当初一家经营环保材料的小型民营企业发展到今天成为拥有上市公司的民营控股集团，得益于杜晓龙严厉果断的监督管理手段。对于一名原来自己颇为器重，但现在违反公司制度，触碰了红线的高管，究竟是该让他离职以维护公司一贯的立场，还是破例让他继续留下？留下后又如何向公司其他员工交代？究竟该做出怎样的选择？

请思考：如果你是集团董事长，你会怎么做？

5.1 公司治理难题

5.1.1 降不下来的高管薪酬

首席执行官（CEO）的薪酬一直是人们关注的焦点。作为全球收入最高的人群，美股上市公司的首席执行官 2021 年的薪酬中位数已达到 1 470 万美元，并且连续六年刷新最高纪录。[一]而由于他们的薪酬的一个重要部分常常是以限制性股票或期权的形式计算的，其价值可能会产生波动。根据美国劳工统计局的数据，[二]2022 年标准普尔 500 指数公司的高管工资中位数下降到 1 450 万美元，较 2021 年的 1 470 万美元有所减少；其中，黑石集团的首席执行官 Stephen Schwarzman 以 2.53 亿美元的总薪酬位居榜首。谷歌母公司 Alphabet 的首席执行官 Sundar Pichai 以 2.26 亿美元收入位居次席。

与高薪相对应的是，不少首席执行官拥有私人飞机，例如 Facebook 的首席执行官。而苹果公司更是要求其首席执行官库克出行必须乘坐私人飞机，且飞机的一切开销由公司承担。英国的《金融时报》曾在 2016 年做过一次统计，列出了在私人飞机上花费前十的高管，[三]排名第一和第

[一] 资料来源：https://www.mylogiq.com/archives/4090。
[二] 资料来源：https://www.36kr.com/p/2260341781376903。
[三] 资料来源：https://www.163.com/dy/article/D7HKFKCT05118O8G.html。

二的分别是美国在线旅游网站 Expedia 的首席执行官 Barry Diller 和美国拉斯维加斯赌场 Wynn Resorts 的首席执行官 Steve Wynn，他们 2014 年在私人飞机上的花费约为 165 万美元和 105 万美元。Google 的首席执行官施密特（Eric Schmidt）和 Facbook 的首席执行官扎克伯格（Mark Zuckerberg）分别位列第五、第七，花费约为 61 万美元和 67 万美元。即使排在第十的 Abbvie 公司（医药制品）的首席执行官里克·冈萨雷斯（Rick Gonzalez），这一年在私人飞机上的花费也有 50 多万美元，相比之下库克每年仅花费 9 万多美元，当真是相当节约了。

一般来说高绩效应当对应高薪酬，然而现实有时并非如此。以 2021 年为例，美国摩根大通银行 2021 年的净利润是 104 亿美元，同比下跌 14%。但同年，摩根大通向其 6 位高管支付了总计 1.32 亿美元的薪酬，其中首席执行官杰米·戴蒙的薪酬高达 3 450 万美元（约合 2.3 亿元人民币）。与此相比，2021 年美国普通工人的平均工资为 56 000 美元。更加令人担忧的是，即使在经济形势不佳的情况下，好莱坞大公司的 CEO 的薪酬水平还在持续增长，与裁员和编剧大罢工形成了鲜明对比。

那么，公司能降低 CEO 的薪酬吗？答案是：非常不容易。这是因为存在壕沟防御效应。壕沟防御效应⊖是指高管由于转换工作成本和离职后控制权损失不可逆的特性，对现有职位有强烈的保护意识，从而产生管理上的壕沟防御动机。他们利用董事和董事会作为防御机制，削弱外部对其监管的效力，使降薪或解雇等惩罚措施的实施变得困难，同时高管们能在更大范围内谋求个人利益以提高代理成本。例如，在资本运作中，收购可能是一种保护股东利益的策略。被收购方的股票往往因收购方提出要约而大幅上涨，给被收购方股东带来较高的收益。当公司高管未能履行提升股东价值的义务，或损害股东价值，如将大量财富用于个人消费或不利于公司增长的方面，浪费了公司资源时，外部股东或投资者可以通过收购来改善公司治理，更换管理层，提升公司运营效率和股

⊖ SHLEIFER A, VISHNY R W. Management entrenchment: the case of manager-specific investments[J]. Journal of financial economics, 1989, 25(1): 123-139.

东回报。然而，高管们的壕沟防御效应不仅限制了这种可能性的实现，而且会对企业发展产生长远的不利影响。

5.1.2　屡禁不止的财务舞弊

企业财务舞弊是指上市公司的高层管理层以重大方式误导外部投资者，使其对公司的财务信息产生错误认识，或挪用公司的资产的行为。[①] 在 2001 年发生了一起被称为安然事件的财务造假案件，这是美国乃至世界历史上最大的财务造假丑闻之一，震惊全世界。资料显示，[②]安然公司成立于 1985 年，在短短的 15 年间创造了一个接一个的成功故事，备受媒体关注，一度成为商学院教学中的经典案例。1990—2000 年的 10 年间，安然公司的销售收入从 59 亿美元增长到 1 008 亿美元，净利润从 2.02 亿美元增长到 9.79 亿美元。其股票也成为众多证券评级机构和投资者追捧的对象。然而，2001 年的财报揭露了公司在第三季度亏损 6.18 亿美元的消息。随后，有关安然与两家关联企业 Marlin 信托基金和 Osprey 信托基金的复杂交易的报道进一步揭示了问题的严重性。安然通过这两只基金举债 34 亿美元，但并未在财报中披露这些债务。此事引起了美国证券交易委员会的调查。11 月 8 日，安然公司承认 1997—2001 年期间虚报了 5.86 亿美元的利润，并未计入巨额债务，由此揭开其造假真相。安然的财务造假行为不仅是导致其破产的原因之一，也使负责其审计公司安达信面临着诉讼风险。安达信作为安然财务报告的审计者，既未发现安然的虚报利润，也未发现其巨额债务。此前，安达信在另一起欺诈案中已被处以 700 万美元的罚款。这些审计重大错误，最终导致了安达信的崩溃。

近年来，我国也发生了一些财务舞弊事件，其中包括瑞幸咖啡财务造假事件和康美药业财务造假案。瑞幸咖啡成立于 2017 年 10 月，以其

[①] O'CONNOR J P, PRIEM R L, COOMBS J E, et al. Do CEO stock options prevent or promote fraudulent financial reporting[J]. Academy of management journal, 2006, 49(3): 483-500.

[②] 资料来源：https://www.investopedia.com/terms/e/enron.asp。

快速发展的咖啡连锁店取代了星巴克,成为中国最大的现磨咖啡巨头之一。作为一家"独角兽"初创企业,瑞幸咖啡将自己定位为科技公司,通过移动应用提供预订和送货服务,并推出大量折扣优惠。在一段时间内,这一策略取得了巨大成功,门店数量超过了 2 000 家,估值达到了 120 亿美元的历史高点。然而,随后出现了有关瑞幸咖啡财务造假的指控。知名的做空机构 Muddy Water 发布了一份报告,指控瑞幸虚报了销售额。起初,瑞幸咖啡对这一指控进行了否认。然而,到了 2020 年 4 月,瑞幸咖啡发布公告,承认其存在 22 亿元人民币的虚假交易,这导致股价暴跌 80%。最终,瑞幸咖啡被罚 1.8 亿美元,并被退市。

康美药业也涉及严重的财务造假问题。[一]据调查,在 2016—2018 年间,该公司累计虚增了 886.8 亿元的货币资金,291.28 亿元的营业收入,39.36 亿元的营业利润,以及 5.1 亿元的多计利息收入。最终在 2021 年 11 月,康美药业创始人被依法判处有期徒刑 12 年,公司被迫进行破产重整,并赔偿投资者 24.59 亿元。这一案件是我国证券史上判决赔付金额最高、涉及诉讼人数最多的案件之一。

5.2 治理问题产生的原因[二]

首席执行官薪酬过高,以及企业财务造假等公司治理问题频发,其原因是什么呢?委托代理理论可以帮助我们加以解释。委托代理理论是一种经济学理论,主要研究的是委托人与代理人之间的关系和合作。在委托代理关系中,委托人雇用代理人来代表自己执行任务或决策,而委托人并不完全了解或控制代理人的行为。这种关系中存在着两个问题:一是委托人和代理人的利益可能不一致;二是代理人可能拥有比委托人更多的信息。根据委托代理理论,代理人通常会追求个人利益最大化,

---

[一] 资料来源:https://news.bjd.com.cn/2021/11/17/10006471.shtml。
[二] JENSEN M, MECKLING W H. Theory of the firm: managerial behavior, agency costs and ownership structure[J]. Journal of financial economics, 1976, 3(4): 305-360.

而不一定与委托人的利益相一致。由于代理人对委托人的信息了解得更充分和准确，会导致信息不对称。这些因素可能导致代理人采取不符合委托人最佳利益的行动。

研究发现，代理问题主要存在于公司股东（即委托人）和管理层（即代理人）之间的关系中。职业经理人寻求以减少努力或通过投机行为来提高个人报酬，[1]从而增加他们的效用。当股东无法获得有关职业经理人行为的充分信息时，自利的职业经理人可能会隐藏自己的投机行为，而企业将承担相关成本。

在发展中国家，除了股东与管理层之间的代理冲突外，大股东与中小股东之间的代理冲突也很常见。[2]相较于英、美等国的股权分散型公司制度，我国上市公司的股权较为集中，法律环境也不够完善，这使中小股东处于弱势地位。大股东通常通过任命顺从的高管来侵占中小股东的利益，进一步加剧了大股东与中小股东之间的代理冲突。因此，解决这种代理冲突成为中国上市公司亟须关注的问题之一。以上两种代理冲突的对比如图 5-1 所示。

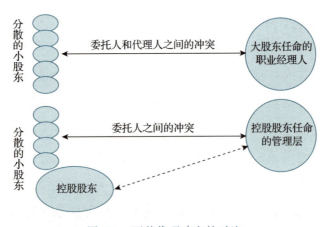

图 5-1　两种代理冲突的对比

---

[1] HENDRY J. The principal's other problems: honest incompetence and the specification of objectives[J]. Academy of management review, 2002, 27: 98-113.

[2] YOUNG M N, PENG M W, AHLSTROM D, et al. Corporate governance in emerging economies: a review of the principal-principal perspective[J]. Journal of management studies, 2008, 45: 196-220.

委托代理理论的目标是寻找有效的机制和激励措施来优化委托人与代理人之间的合作关系。这些机制包括激励性薪酬、内部和外部监督与审计机制等，旨在鼓励和约束代理人的行为并使其与委托人的利益保持一致。通过这些机制，委托人可以最大限度地实现与代理人的合作利益，同时尽量降低因代理人的问题所带来的生产力损失，努力保证生产效率和经济利益不断提升。

5.3 传统公司治理机制的设计

5.3.1 激励性薪酬

促使高管与股东利益一致的一个普遍举措是在高管的薪酬激励方面下功夫，尤其是股票期权的应用。通常来说，授予高管的股票期权在不行权的时候是不交税的，也不会额外增加公司的成本，股票期权的诞生可以说是具有革命性意义的创新，以标普 500 大型上市公司的 CEO 薪酬结构为例，1992—2000 年，股票期权在薪酬结构中的占比从 27% 上涨到 51%，如果将股份的概念放宽一些来看，股份和期权在薪酬比例的占比最高可以达到 83%。[⊖] 这一举措催生了两个结果：一是股权激励的方式使得股东利益和管理层薪酬紧密地捆绑在一起；二是 CEO 的薪酬水平达到了历史的最高值。

| 拓展阅读 |

如今，运营一家公司变得非常复杂，涉及的责任范围也非常广泛。因此，我们需要审视和关注双首席执行官制度，它特别适用于那些明确转向敏捷管理或进行技术驱动型转型的公司。在适当的情况下，双首席执行官拥有丰富的背景和观点，可以形成更多样化的竞争力，共同承担日益复杂的首席执行官职能，包括投资者关系管理、人力资源管理和合规监管。如

⊖ 资料来源：https://www.thepaper.cn/newsDetail_forward_10952159。

其中一位离职，另一位可以确保平稳过渡。许多公司实际上由双首席执行官共同管理，即使他们并没有被正式称为双首席执行官。例如，杰弗里斯金融集团的总裁和首席执行官就共同领导了 20 年。然而，并非所有企业都适合采用双首席执行官制度。成功的关键因素包括以下几点。

- 志愿参与：双首席执行官需要真正致力于建立良好的合作关系。
- 互补的技能组合：双首席执行官的技能越独特，效果越好；当他们的技能重叠时，可能会引发冲突。
- 清晰的责任和决策权：需要设立独立的控制、责任和决策领域。
- 冲突解决机制：当双首席执行官意见不合时，应该通过协商解决问题，有强有力的执行主席提供支持以解决分歧并提供方向。
- 统一的形象：即使双首席执行官意见不合，他们也需要以共同的声音向员工传达信息，因为他们之间的分歧可能导致整个组织的混乱。
- 完全共同的责任：双首席执行官均需为整体绩效负责。两人都应签署季度财务报表，并获得相等的报酬。
- 董事会的支持：双首席执行官需要董事会持续地给予支持，但同时不干涉其运营。独立董事应每年与每位首席执行官单独沟通，确保没有激化的问题。
- 共同价值观：当双首席执行官具有不同的价值观时，他们很可能会失败。要想取得成功，他们需要在诚实、尊重、信任和妥协的基础上建立良好的关系。
- 退出机制：制定清晰的退出方案至关重要。可以考虑让任何一位双首席执行官正式地宣布"不再担任"，然后根据事先达成的计划友好离开。

注：内容参考自 Marc A. Feigen 及其合作者 2022 年发表于 *Harvard Business Review* 的文章，标题为 "Is it time to consider Co-CEOs"。

通过对高管的薪酬进行仔细分析，我们发现，高薪 CEO 的绝大部分薪酬来自股权激励。薪酬激励制度理应和公司的战略和绩效紧密相连，当公司发展到一定阶段时，薪酬理念应该形成以股票期权和其他以股权为基础的薪酬体系的长期激励制度，使高管的利益与公司利益、股东利益的长期性保持一致，并促使高管真正为企业利益着想，最终促进企业业绩增长。虽然这些激励措施可以起到一定的作用，但过高的高管薪酬和上市公司频频的舞弊行为在一定程度上说明，有时这些激励措施也未必能起到积极的作用。[⊖]

在本章开头的案例中，张皓这位高管之所以出现贪腐行为，既有自身道德观念的原因，也有客观原因。作为企业创始之初就加入的老员工，几次临危受命、力挽狂澜，他的确为企业发展做出了很大贡献，而其早期出国留学的经历，也为企业引入了先进的管理理念，使企业得以迅速发展壮大。这种情况下，不仅仅是要为其提供职位晋升，更是要考虑给其股权激励。如若给了股权激励，或许结局会不同。当然，既然这位高管的确违反了企业规定，也不能纵容，需要进行一定的惩罚，以儆效尤。

5.3.2　独立董事

既然薪酬激励未必奏效，那么监督机制是否有效呢？根据委托代理理论，独立董事具有一定的独立性，其决策不受管理层左右，能够代表中小股东的利益。根据我国《上市公司独立董事规则》，独立董事是指：不在上市公司担任除董事外的其他职务，并与其所受聘的上市公司及其主要股东不存在可能妨碍其进行独立客观判断的关系的董事。独立董事对上市公司及全体股东负有诚信与勤勉义务，并依法依规依章认真履行职责，维护公司整体利益，尤其要关注中小股东的合法权益不受损害。

独立董事制度起源于美国，我国在 2001 年正式引入了这一制度。最

⊖ O'CONNOR J P, PRIEM R L, COOMBS J E, et al. Do CEO stock options prevent or promote fraudulent financial reporting?[J]. Academy of management journal, 2006, 49(3), 483-500.

初是在 20 世纪 90 年代为适应国企海外上市的需要，于是开始有人建议国内每个上市公司也可设 2 个独董，后来发展到要求独董人数占比不低于三分之一。然而，正如中国经济体制改革研究会副会长华生教授 2021 年所说，"独董制度从引进到现在已经有 20 年的历史了，可以说，这 20 年来它就基本上没有发挥什么作用"。⊖ 这是什么原因导致的呢？最主要的原因之一是：制度需要适合的文化和社会土壤。

美国独立董事制度的诞生，与美国大多数公司股权较为分散的事实相一致。美国的独立董事制度也是逐步发育和完善的，从 20 世纪 30 年代至今，近百年的时间内，独董的占比从 10%～20% 发展上升到现在的 80% 以上。而这一比例变化，由美国市场主体自己内生的需求驱动。与此同时，美国的独立董事制度还有与之相关联的整体性治理机制，包括我们熟悉的各种专门委员会，比如对于特定交易进行审查的特别委员会（Special Committee），限制 CEO 权力的首席董事，以及不让 CEO 参加的"内部"会议（Executive Session）等机制。⊖

相比之下，我国企业股权较为集中，上市公司几乎都是由大股东直接控制的，没有所有权与经营权分离的问题，并不存在这样的内在需求。因此，尽管我国引进了独立董事制度，也要求独董占比不低于三分之一，但从公开数据来看，基本上所有的上市公司都是三分之一的"标准最低配置"，且独董基本都是由大股东任命的，很难代表中小股东的利益。更不用说我国缺少了独立董事制度的其他关键部分，例如特别委员会、首席董事、"内部"会议等机制。

从上述对比可以看出，我们需要向发达国家学习优秀的、先进的制度经验，但不能只是简单照搬西方的某个制度的一部分，而是需要根据我国的国情对制度进行鉴别，并结合实际优化设计，以与我国的社会文化环境相适应，真正发挥作用和效果。

⊖ 资料来源：https://new.qq.com/rain/a/20211211A00FLS00。
⊜ 资料来源：https://www.thepaper.cn/newsDetail_forward_10935810。

5.4 有效治理的机制与结构设计探讨

5.4.1 我国董事制度的改革

近年来，随着我国高质量发展要求的提出，董事制度有了新的变化。特别是被称为"中国集体诉讼第一案"的康美药业的判决结果，深深震撼了上市公司"独董圈"——其5位时任独董被依法判决承担连带赔偿责任，赔偿金额达上亿元。该巨额赔偿给许多只拿钱，却甘愿做"花瓶董事""人情董事"，以及"独而不懂"的独董们敲响了警钟，不仅引发了独立董事离职潮，也引发了独董要求上市公司购买董事、监事及高级管理人员责任保险（简称董责险）的热潮。

2023年4月，国务院办公厅印发了《关于上市公司独立董事制度改革的意见》，确立了上市公司独立董事制度改革的指导思想、基本原则、主要目标和主要任务。随后，中国证监会颁布了《上市公司独立董事管理办法（征求意见稿）》，对形成于2001年的现行独立董事规则进行了全面和系统的修订，并于7月审议通过了《上市公司独立董事管理办法》（以下简称《办法》）。《办法》明确了独立董事在上市公司治理体系中的角色定位，提高了独立董事的任职资格条件，强化了独立董事的职责权限、履职机制和履职保障措施，完善了独立董事的责任约束机制。我们期望该《办法》能够进一步推动我国独立董事治理的改革，真正有效解决独立董事制度实施中存在的问题。

尽管我国已经开始了独立董事制度的改革，但目前仍然任重道远。战略管理领域的著名学者Donald C. Hambrick等人的研究[1]表明，在任何给定领域（如金融事务），当一名董事同时具备独立性、该领域的专业知识、充裕的时间和监督动机这四个要素时，他成为有效监督者的可能性将显著增加。然而，仅仅将这四个要素分配给董事会上的所有董事

---

[1] HAMBRICK D C, MISANGYI V F, PARK C A. The quad model for identifying a corporate director's potential for effective monitoring: toward a new theory of board sufficiency[J]. Academy of management review, 2015, 40(3): 323-344.

是不够的，因为这可能导致没有董事能够应对监督的挑战。基于此，该研究建议，如果一个董事会中有一名具备四项要素的董事，那么这将更有助于提高董事会的效能。如果董事会中有两名或更多具备这四项要素的董事，他们就可以互相支持，那么公司发生治理失误的可能性将大大降低。

我们可以借鉴国外的一些先进经验。例如，企业可以设立首席独立董事。首席独立董事是一种重要的公司治理职位，旨在确保董事会的独立性，并提高其对公司的领导力。首席独立董事可以为独立董事团队牵头，确保他们作为一个整体有效发挥作用。一个很好的案例是约翰·汤普森在微软公司担任首席独立董事和独立非执行董事会主席的角色轮换。汤普森于2012年2月以独立董事身份加入微软，并担任首席独立董事。2014年2月，微软CEO鲍尔默卸任，董事会主席盖茨也卸任，汤普森接任董事会主席，萨蒂亚·纳德拉成为新任CEO并加入董事会。2021年6月，纳德拉兼任董事会主席和CEO。汤普森继续担任首席独立董事，其职责包括召集独立董事会议、制定执行会议议程以及主导CEO的绩效评估。2023年3月，桑德拉·彼得森成为微软新任首席独立董事，汤普森担任治理和提名委员会主席，同时继续担任董事。微软董事会主席纳德拉表示感谢汤普森作为首席独立董事所做出的贡献，并对彼得森的加入表示赞赏。他强调汤普森提供的领导和建议非常宝贵，对彼得森能够继续为微软带来专业知识和领导力表示高兴。⊖

| 讨论案例 |

B证券有限责任公司系A公司首次公开发行股票并在创业板上市的保荐机构和主承销商。韩某、霍某系B证券A公司项目签字保荐代表人。B

⊖ 资料来源：http://ie.cass.cn/scholars/opinions_essays_interviews/202309/t20230901_5682881.html
#:~:text=%E9%A6%96%E5%B8%AD%E7%8B%AC%E7%AB%8B%E8%91%A3%E4%BA%8B%E4%B8%8E%E8%91%A3,%E7%AE%A1%E7%90%86%E7%9A%84%E9%9B%86%E4%BD%93%E8%B4%A3%E4%BB%BB%E3%80%82

证券为 A 公司首次公开发行股票并在创业板上市出具了"关于 A 公司应收账款项目的财务数据和财务指标的陈述、A 公司最近三年财务会计文件无虚假记载的陈述、A 公司符合发行上市条件"的结论意见的保荐书。

A 公司为了解决公司应收账款余额过大影响上市的问题，便采取向他人借款、股东垫资的办法来弥补财务上的损失。A 公司在会计期末冲抵应收账款，并于下一会计期初冲回。2009 年年底，A 公司通过向他人借款的方式转入资金 1 400 万元用于冲减应收账款，后于第二年年初全额退款并转回应收账款；2010 年 9 月和 12 月，A 公司通过股东垫资和由他人转入资金的方式分别转入资金 2 566 万元和 8 754 万元用于冲减应收账款，后于 2011 年年初将他人资金全额退款并转回应收账款；2011 年第二季度末，又通过他人转入资金 8 890 万元冲减应收账款，并于一个月后全额退款并转回应收账款。截至 2009 年年末、2010 年年末和 2011 年中，A 公司共虚构收回应收账款 24 205 万元。2010—2011 年上半年，A 公司虚构合同十余份，虚增收入 2 700 多万元。而 B 证券对此却出具了"关于 A 公司应收账款项目的财务数据和财务指标、最近三年财务会计文件无虚假记载、A 公司符合发行上市条件"的保荐书。并在 A 公司《招股意向书》和《招股说明书》中声明："本公司已对招股意向书（招股说明书）进行了核查，确认不存在虚假记载、误导性陈述或重大遗漏，并对其真实性、准确性和完整性承担相应的法律责任"。

思考与讨论：该案例反映了什么问题？你认为这些问题该如何防范？

注：本案例选自王丽，陈绍城.商业伦理与经济利益博弈的案例解析及建议[J].商业会计，2016(7)：97-98.

这个案例展示了首席独立董事在提高公司治理和董事会独立性方面的重要性。作为一个独立的董事职位，首席独立董事通过组织和领导独立董事团队，能够确保其有效发挥作用，为公司带来重要的专业知识和监督机制。设立首席独立董事对提高中国上市公司的治理质量具有积极作用，特别是对整个董事会履行职责的质量提升更为重要。虽然首席独立董事能够增加独立监督和决策能力，但如果全体独立董事，甚至全体董事在实际操作中仅仅是公司控制人的"花瓶"，那么首席独立董事也只能是一个摆设。因此，首席独立董事发挥作用的关键在于确保董事会成员具备真正的独立性和专业能力，并积极履行其职责。这需要有一系列的配套措施，包括选拔合适的独立董事、建立有效的董事会委员会和审查程序、加强对董事会成员的培训和评估等。

此外，增加女性董事席位也是提高董事会监督质量的一个重要措施。Siri Terjesen等人（2016）[1]通过对2010年47个国家的3 876家上市公司的数据收集和处理，发现女性董事能够提升董事会的效力，也就是女性董事占比高的公司在市场（Tobin's Q）和会计（资产回报率）指标上有较高的企业绩效。这是因为增加女性董事可以为董事会引入不同的经验、知识和观点，提供多样化的思考方式。女性在职业生涯中面临的挑战与男性不同，拥有独特的视角和经验，这使得她们能够对公司的经营决策提供新的洞察力。女性在董事会中的代表比例适当增加还可以提升董事会的独立性，使独立的董事在决策过程中能够更加客观、公正地评估和监督公司的运营，并保护中小股东的权益。

与此同时，女性在许多领域都具备出色的管理和领导能力，如人际沟通、解决问题和团队合作等。适当增加女性在董事会的席位，可以补充和丰富董事会成员的技能组合，提高其在战略规划、风险管理和业务开展方面的能力。增加女性董事席位符合现代社会对性别平等和多样化的要求，展示了公司对多样化和包容性的承诺。这有助于塑造公司的形象，提升品牌声誉，也能够吸引更多具备优秀能力的女性进入管理层和决策层。目前，许多国家和地区都已经出台了政策和法规，要求在公司董事会中增加女性董事的比例。这些举措得到了广泛认同，并在实践中取得了积极效果。这进一步表明，适当增加女性董事席位有助于提高董事会的监督质量，推动公司的可持续发展和获取长期利益。

---

[1] TERJESEN S, COUTO E B, FRANCISCO P M. Does the presence of independent and female directors impact firm performance? A multi-country study of board diversity[J]. Journal of management & governance, 2016, 20: 447-483.

5.4.2　设立合规和可持续发展部门

为了确保企业的治理和相关行为符合国家法律法规和伦理规范，不少企业设置了合规部门，其部门领导者被称为首席合规官（chief compliance officer，CCO）。首席合规官是监督和管理组织内部合规问题的高层管理者，负责全面领导合规管理体系的建设与运行。中国人民大学财政金融学院副教授黄勃认为，㊀首席合规官的主要职责包括以下方面：对企业重大事项进行合规审查和风险应对；对合规制度和流程进行合规性评价，并提出指导意见；受理范围内的违规举报，组织或参与对违规事件的调查，并提出处理建议。此外，还有组织或协助开展合规培训等相关工作。

与首席合规官类似，为促进实施可持续发展战略，有些企业还设立了负责可持续发展的职责部门。因此，首席可持续发展官（chief sustainability officer，CSO）这一新兴职位应运而生，正在或即将在推动企业可持续发展过程中发挥重要作用。研究表明，CSO 需要平衡以下八大职责模块。㊁

- 监测政策与法规、预测可持续发展领域的监管动向，并评估其对企业的影响。建立风险评估和应对机制，确保内部政策符合法规要求。
- 收集环境、社会和公司治理数据，编制企业可持续发展报告。采用行业内较为先进的 ESG 报告方法，与同行业企业进行横向对比分析。
- 规划企业的可持续发展项目，并合理配置资源投入。跟踪项目进展情况，总结项目实施结果，促进不同部门协同推进。
- 与政府、投资者、客户、员工、供应商、社区等重要利益相关方

㊀ 资料来源：http://www.peopledaily.com.cn/n1/2022/0922/c32306-32531446.html。
㊁ FARRI E, CERVINI P, ROSANI G. The 8 responsibilities of chief sustainability officers[J]. Harvard business review digital articles, 2023, 3(2): 20-26.

保持积极互动。建立高度透明、诚信的关系，树立企业可持续发展的正面形象。
- 识别企业在实施可持续发展战略过程中的组织能力缺失，通过人员培养、外部引进、合作等方式弥补关键能力缺口。
- 帮助企业确定可持续发展的价值定位，并通过一系列举措推动员工思维和行为方式的转变。从高层做起，树立模范榜样，使可持续发展理念深入人心。
- 注重从外部汲取可持续发展的前沿理念，寻找将创新技术应用于企业可持续发展实践的契机。通过试点项目验证新思路，再在全公司推广。
- 调整业务流程，建立 ESG 绩效考核机制，将可持续发展指标纳入管理决策框架，实现经济、社会和环境效益的平衡。

因此，CSO 需要在深入调查研究的基础上，针对上述八个模块之间的平衡，找到切实可行的方法，使其职能得到有效发挥。同时，企业应当意识到，CSO 的规划需要得到管理层支持，并需与各部门达成共识，共同推进企业可持续发展。

课后思考题

1. 针对一些企业大股东侵害小股东利益的现象，你有哪些好的建议？
2. 你觉得企业还可以采取哪些措施，以避免财务舞弊和高管贪腐行为？
3. 怎样才能促使独立董事真正独立、有效地履行监督职责？

第6章 伦理问题与领导力

■ **教学目标**

1. 伦理矛盾与陷阱
2. 歧视与多样性
3. 打破权力悖论
4. 利益相关者时代的领导力
5. 伦理型与责任型领导者的培养

其身正，不令而行；其身不正，虽令不从。

——《论语·子路》

■ **引导案例**

近日，在江苏苏州的一家公司，一名员工因下班即走受到了领导的批评。该员工随后在公司内部群里进行反驳。然而，令人意外的是，第二天该员工就被公司火速解雇了。该公司在通报中批评该员工"不服从工作安排，在公司内使用辱骂性语言，散布有损他人名誉、公司形象的言论"，随即对其做出开除处分。

请思考：对于上述现象，你怎么看？

6.1 伦理矛盾与陷阱

我们往往会落入一些伦理矛盾和陷阱。例如，有些对待朋友忠诚的人，可能会在与客户或同事进行谈判时使用欺骗手段。有些忠诚于企业的人，却觉得只要为了企业好，做什么都是可以的，哪怕是违法违纪的事。有些"心地善良"的富人虽然经常捐款给需要帮助的陌生人，却对身边亲戚朋友的困苦无动于衷。企业层面同样如此。有些企业经常做慈善，但它们的产品质量却很差，经常被召回。有些企业的产品质量很好，企业对待员工却很差。还有些企业尽管对待员工和客户都很好，但它们参与不公平竞争，破坏了商业生态系统。所以，我们要同时关注企业所创造的价值和造成的潜在危害，并针对企业在一些领域的不道德行为深刻剖析，促使其做出改变。

最为典型的例子就是美国著名石油大王洛克菲勒。[1]洛克菲勒退休后致力于教育、医药等慈善事业，一生捐款近5.5亿美元。他成立了洛克菲勒研究所，资助医学研究，包括根除十二指肠寄生虫和黄热病等。他对非洲裔美国人的教育非常关心，资助学校并设立斯贝尔曼学院，捐资给丹尼森大学等浸信会学校，建立了洛克菲勒基金会，资助公共卫生、医疗训练及艺术，并建立了北京协和医学院……然而，洛克菲勒的商业生涯也备受指责。通过威胁与收购，他建立了庞大的利益集团，成为垄断集团的创始人。他还使用过各种不道德的手段，包括贿赂官员以及挖走对手的员工等。

上述现象的发生可以用经济学上的有限理性来解释。20世纪50年代以前，传统经济学往往建立在"经济人"假说之上，即认为每个人在任何时候都以自身利益最大化为决策目标，从而取得最优解。然而，逐渐地，人们认识到建立在"经济人"假说之上的完全理性决策理论不现实。诺贝尔奖得主赫伯特·西蒙（Herbert Simon）及后来的追随者[2]提出

---

[1] 资料来源：百度百科。
[2] SIMON H A. Models of bounded rationality: empirically grounded economic reason[J]. MIT press, 1997, 3(59): 1-19.

了满意标准和有限理性标准,用"社会人"取代"经济人"。即人类受信息、时间、金钱等资源的约束,同时还受自身认知局限性、情绪的影响。因此,人类不可能是完全理性的,在决策时往往不能得到最优解,只能得到满意解。

6.2 歧视与多样性

全球化促使不同背景的人们相聚在一起,共同努力工作。社会的进步也使不同性别和年龄的人加入劳动队伍中。这种多元融合鼓励了人际关系的互动和文化的交流,但同时也引发了不同群体间的冲突。例如,一些人因为经济地位或身份认同而面临排斥或歧视。某些特定群体成为冲突焦点,他们可能遭受不公平待遇,缺乏平等机会和资源。与此同时,某些国家对全球化的不满和借口保护本土利益的行为也导致对外国人的歧视和反向歧视现象的日益加剧。尤其在逆全球化和地缘政治紧张局势加剧的背景下,这类现象更为严重。

6.2.1 歧视的形式与种类

歧视是指基于一个人的性别、年龄等个人特点对其进行不公平待遇、限制或剥夺权益的行为或观念。[1]歧视的形式可以多种多样。性别歧视是大家最常关注的一种歧视现象,但在某些场景中又是比较容易被忽视的。在招聘和晋升过程中,女性很可能受到性别偏见的影响。雇主可能会有意偏向男性,给予他们更多机会和更高薪酬,而对女性则提出更严苛的要求或限制她们的晋升机会。尽管男性和女性在相同工作岗位上承担相同的任务和责任,但女性往往因为性别而薪资较低。此外,女性常常被贴上只适合从事家务和照顾家庭的刻板印象标签,这在一定程度上限制了她们追求职业发展和个人成长的机会。工作场所也存在性骚扰和

---

[1] DUNCAN C, LORETTO W. Never the right age? Gender and age - based discrimination in employment[J]. Gender, Work & Organization, 2004, 11(1): 95-115.

性侵犯问题，这种触犯法律的行为对受害者造成身体和心理上的伤害，是严重的性别歧视现象之一。

年龄歧视是普遍存在的现象，人们似乎对此已习以为常。无论是年轻人还是年长者，都可能受到年龄歧视的影响。如某些雇主在招聘过程中，会有意忽略年长者，因为他们认为年轻人更符合岗位需求。年轻人和年长者在工作环境中都可能受到不公正对待。例如，年轻人可能被贴上缺乏经验或不成熟的标签，而年长者可能被忽视或被排除在团队决策过程之外。在社交场合，人们可能会以年龄为理由对别人进行"刻板印象"或嘲讽。年轻人可能被视为是幼稚或不成熟的，而年长者则可能被视为过时或保守的代表。

还存在一种比较普遍的歧视现象，即地域歧视。地域歧视是指基于一个人来自的地区或地域身份而对其进行不公正对待、歧视或排斥的行为或观念。一些雇主可能会因地域偏见而拒绝雇佣来自特定地区的求职者，或在招聘过程中倾向于优先考虑本地人，而这可能导致外地人在就业市场上面临较大困难。个人在交往和建立关系时也有可能遭受来自其他地区人的偏见或排斥。此外，一些地方可能存在针对他人的政治立场或所居住地区的政治倾向而产生的歧视。

6.2.2 歧视产生的原因

歧视为什么会产生呢？社会分类理论可以帮助我们解释它们产生的原因。社会分类理论认为，人们倾向于采用社会分类的办法降低认知复杂性，也就是将自己和他人划分为不同的群体，并在此过程中对自己所属的群体产生认同感。[1]这种分类过程可能导致有意识或无意识的偏见和歧视产生。当人们将世界划分为"我们"和"他们"时，往往依据个人特征或社会身份。同时，群体内成员往往赋予自己的群体更多的正面特

---

[1] HUGENBERG K, SACCO D F. Social categorization and stereotyping: how social categorization biases person perception and face memory[J]. Social and personality psychology compass, 2008, 2(2): 1052-1072.

质，将外部群体及其成员视为与自己不同或较低的存在。这被称为群体内偏见，即对外部群体成员的贬低、排斥和剥夺权利的现象。当资源有限或竞争激烈时，人们更容易将责任归咎于外部群体，并对他们持有负面评价。这种资源竞争进一步强化了群体内偏见和歧视。

无论是基于种族、性别、年龄还是身份等因素的歧视都会造成严重的危害，这是不容小觑的。首先，歧视导致了社会的不平等。当某些群体遭受歧视时，他们可能在教育、就业、住房和医疗等方面面临不公平待遇。这种不公平影响着个人的发展和生活，并加剧了社会不平等的现象。其次，歧视损伤了人们的尊严和自信。被歧视的人往往遭受贬低、排斥和诋毁，感到自己的价值受到否定。这些伤害不仅影响个人的心理健康，还削弱了整个社会的凝聚力和稳定性。此外，歧视还阻碍了社会的发展和创新。当存在歧视时，个人无法充分发挥自己的潜力，限制了多样性和包容性的发展。这剥夺了我们从不同文化、观点和经验中学习与进步的机会，妨碍了社会的进步和繁荣。因此，我们应当共同努力，消除一切形式的歧视，创造一个公平、包容和平等的社会。

6.2.3 多样性的益处

多样性能够有效促进创新。西尔维亚·安·休利特（Sylvia Ann Hewlett）教授及其团队开展了一项研究[⊖]，对美国具有代表性的1 800名领导者进行了调查，并做了40项案例研究以及多项焦点小组访谈。他们仔细研究了两种多样性：先天的多样性和后天的多样性。先天的多样性包括个体与生俱来的特征，例如性别、种族等。后天的多样性则涉及个人从经验中获得的特质，例如在其他国家工作可以加深对文化差异的理解等。他们将这些领导者表现出至少三种先天和三种后天多样性特征的公司称为具有二维多样性的公司。

⊖ HEWLETT S A, MARSHALL M, SHERBIN L. How diversity can drive innovation[J]. Harvard business review, 2013, 91(12): 30.

研究结果表明，具有二维多样性的公司在创新能力方面的表现优于其他公司。这些公司有着更大的可能性实现市场份额的增长（可能性提高了45%），以及更大的可能性在新市场中占据领先地位（可能性提高了70%）。二维多样性通过创造一个可以吸纳"开箱即用"想法的环境来促进创新。当少数群体成为关键群体、领导者重视差异时，所有员工都可以找到对其有影响力的人来支持自己富有说服力的想法，并且能够说服负责预算的人提供资源以推动这些想法的实施。然而，在研究中，大多数受访的领导者（78%）都是在缺乏二维多样性的公司中就职的。如果领导层缺乏多元化，那么女性获得支持的可能性比白人男性低20%，有色人种和LGBT人士获得支持的可能性则分别降低24%和21%。这可能导致公司错失关键的市场机会，因为具有本质上多样性的贡献者能更好地理解市场中未被满足的需求。研究发现，当团队中至少有一名成员与最终用户具有共同特征时，整个团队能更好地理解该用户。当一个团队的成员与客户具有共同特征时，理解该客户需求的可能性会比其他团队高152%。

6.2.4　如何促进多样性

在工作场所，如何避免歧视，促进多样性发展呢？这是领导者必须思考的事情。对于组织领导者来说，建立和完善反歧视相关的规章制度，是首先需要做的。马丁·路德·金说过，我们不能以立法的方式将道德定为法律，但却可以促使我们调整行为。法律的规定可能无法改变人心，但它能管制那失丧了良心的——法律不能使一个雇主爱我，但它能管制他，使他不能因为我的肤色而不雇用我。此外，领导者还应该建立包容文化、提供公平机会和加强意识培训。向员工宣传反歧视政策，促进多样性参与。同时，还需要建立有效的投诉渠道，对违规行为采取零容忍态度。用各种努力，营造出公平、平等和包容的工作环境，以减少职场歧视的发生。在2023年世界500强榜单中，有个可喜的变化，有29家上榜企业的首席执行官是女性，这说明世界在性别平等方面在逐步改善。

本章开头的案例反映了另外一种歧视——家庭责任歧视。这种歧视可能混合着刻板印象和性别歧视。如中国社会中传统的刻板印象通常将女性描绘为主要负责家庭和家务，而男性更多被期望专注于事业。这种刻板印象可能导致了在职场上男女不平等现象的发生，特别是当工作和家庭责任发生冲突时。女性在努力平衡工作和家庭生活时常常面临额外的挑战与障碍，这可能导致低薪、有限的职业发展机会和有偏见的绩效评估等形式的歧视。研究发现[1]，与女性相比，男性承担家庭责任更可能被歧视，通常会被贴上"没有男子气概"的标签或成为面对同事和上级的阻力，而企业的"工作-家庭平衡政策"对于减少性别歧视和家庭责任歧视能够起到积极影响。这些政策旨在为具有家庭责任的员工创造一种更加支持和包容的工作环境，而不论他们的性别如何。通过采取灵活的工作时间、育儿假条款和儿童托管支持等措施，企业可以帮助员工营造一种工作与家庭平衡和平等的文化氛围。

6.3 打破权力悖论

| 拓展阅读 |

谦逊——摆脱骄傲或傲慢，这需要你对自己的能力、成就和局限性有准确的认识。以下是几个步骤，可以帮助你将谦逊灌输给自己和团队。

- 让说"我不知道"成为可以接受甚至是可取的态度。研究证明，当领导者表现出谦逊时，团队成员的贡献质量会提高，工作满意度、留存率、参与度和学习的开放性也会增强。
- 建立获得真实意见的机制。领导者可以通过建立正式的参与

---

[1] XU Y. Can work-family balance policy mitigate gender discrimination under work-family interference in urban China?[J]. npj Urban Sustainability, 2024, 4(1): 1.

渠道来鼓励团队成员广泛参与。有些领导者会创造个人沟通的渠道与下属开展真诚对话。有时候，获得真实反馈的机会会自然而然地出现，而优秀的领导者会接受这些反馈。

- 创造一个显眼的提醒，提醒你成功只是暂时的。比如，Facebook 总部没有去更换楼前面的标志，而是简单地将标志翻转，并在背面写上公司的名称。每当有人经过时，都会看到这个标志及其反面。这传达了一个信息："你今天成功不代表明天也会成功。"
- 衡量和奖励谦逊。如果想要变得更谦逊，就必须先对自己进行评估。然而，我们很难准确地评估自己的谦逊程度。要想更好地了解自己的谦逊程度（或不谦逊程度），可以让同事对你进行真实的评估。企业可以设立相应的奖励机制，鼓励员工展现谦逊的行为。

注：内容来源于 BATTILANA J, CASCIARO T. Don't let power corrupt you: how to exercise influence without losing your moral compass[J]. Harvard business review, 2021, 99(5): 94.

除了前面提到的矛盾表现之外，人还可能落入权力悖论，那些落马的官员就是很好的例证。

美国心理学家达契尔·克特纳（Dacher Keltner）在《权力的悖论》中讲到，所谓权力悖论，即我们凭借人性的优点崛起掌权，影响世界，却因人性的缺点失权垮台。我们通过改善他人的生活，而获得影响世界的能力，然而，正是这一掌权的过程让我们在某些难以自控的时刻暴露了人性的缺点，像冲动失控的疯子一样行事。在缺乏合适约束和监督的情况下，原本善良的普通人当上了领导，掌握了权力，也可能变得自大、自恋，甚至会逐渐腐败堕落。他在 2016 年的研究表明[1]，人们通常通过促进他人利益的特质和行为获得权力，如同理心、协作、开放、公平和分享；当他们开始感到强大或享有特权时，这些品质就会开始消退。因此，权贵往往比其他人更有可能做出粗鲁、自私和不道德的行为，这

---

[1] KELTNER, D. Don't let power corrupt you[J]. Harvard business review, 2016, 94(10): 112-115.

种现象被称为"权力悖论"。

甚至,非营利组织的创始人也有可能会因为逐渐掌握了权力而变得自私且不道德。举个例子[1],医生维拉·科代罗在里约热内卢繁华的拉戈阿公立医院照顾贫困儿童时,她意识到许多患者因为不规律的饮食和卫生条件不佳而难以得到治疗,这对患者来说简直像是判了死刑。因此,她于1991年创立了巴西儿童健康协会(ABV)这一非营利组织。刚开始,科代罗依靠个人资金和家人朋友的支持,但后来她认识到她必须争取里约热内卢的富人和有权势者的支持。尽管她本人并不关心权力甚至有些排斥,但她却努力吸引私人捐助者、政府机构、媒体和公众的关注。她的非政府组织(后来更名为DARA研究所)在那时成为巴西最成功的非营利组织之一。然而,随着时间的推移,科代罗意识到,自己逐渐适应了权力,却丢失了初心。她变得自大且过于自我关注。

事实上,自大的领导者会给企业带来一些风险和灾难。研究显示[2],有些经历过成功的高管会变得过于自我关注,会为了收购而支付过分夸大的溢价,尤其是在董事会缺乏警惕性且监督不严的情况下。而首席执行官越傲慢,收购溢价越严重,股东遭受的损失就越大。同样,那些过于关注自身的领导者往往会失去对他人情绪的敏感性。[3]权力感使他们较少关注他人的情感。这种不敏感通常体现在管理者对自身与下属之间的关系理解不足上。如果人们认为你与他们脱节,对他们不够关注,他们就会缺乏动力或无法发挥最大努力。虽然你可能会迫使他们在短期内完成任务,但这最终将影响他们的积极性和表现,并使他们对你的领导能力产生怀疑。权力的危险性和改进方法如表6-1所示。

---

[1] BATTILANA J, CASCIARO T. Don't let power corrupt you: how to exercise influence without losing your moral compass[J]. Harvard business review, 2021, 99(5): 94.
[2] LI J, TANG Y I. CEO hubris and firm risk taking in China: the moderating role of managerial discretion[J]. Academy of management journal, 2010, 53(1): 45-68.
[3] BATTILANA J, CASCIARO T. Don't let power corrupt you: how to exercise influence without losing your moral compass[J]. Harvard business review, 2021, 99(5): 94.

表 6-1　权力的危险性和改进方法

问题	危险性	改进方法	
傲慢	股东会因为管理者的过于自信而遭受损失	培养谦逊品德	• 让说"我不知道"成为可以接受的、甚至是可取的 • 建立获得真实意见的机制 • 创造一个显眼的提醒，提醒你成功是暂时的 • 衡量和奖励谦逊
过于自我关注	管理者不关心下属的情绪会使他们的领导能力受到质疑	培养同理心	• 让自己沉浸在别人的工作中 • 用讲故事的方式来让事情变得个人化 • 在组织系统中嵌入相互依赖关系 • 走出你的公司，进入现实世界
过于谦逊和自我怀疑	领导者的领导能力将会不断受到挑战	建立信心和信任	• 写下对你很重要的价值观和你将如何使用自己的能力去实践它 • 向人们灌输对谦逊、富有同理心的领导风格的欣赏以改变组织的文化

　　是什么导致了权力悖论的产生呢？Dacher Keltner 认为，权力悖论的产生源于权力会使我们陷入一种狂躁的状态，这种状态会让我们感到强大且充满活力，仿佛自己无坚不摧，使我们从容应对风险，并更愿意追求回报和成就。然而，这种情绪的膨胀也容易导致鲁莽和不道德的决策与行为。权力的膨胀往往使我们变得自私自利，将自己的利益置于他人之上。我们可能忽视他人的需求，甚至为了实现个人目标不择手段。在追求更多权力甚至特权的过程中，我们可能会以竞争、欺压甚至迫害他人的方式行事。此外，权力带来的自信和自大也容易使我们变得粗鲁和不尊重他人。我们可能忽视他人的感受，以自我为中心，对待他人冷漠或无礼。这些行为不仅伤害了他人，也影响了我们自身的形象和人际关系。

　　尽管权力悖论及其不良影响可能无法完全避免，然而，我们可以通过自省和认识到自己行为的影响来打破权力悖论。培养共情能力、关注他人、保持谦逊和感恩的心态对于在掌握权力的同时维持良好的行为至关重要。最重要的是，我们必须时刻谨记权力与责任同在。我们应将公正和道德原则作为指导，避免被权力蒙蔽而迷失了方向。

6.4 利益相关者时代的领导力

世界正面临着多方面的危机：健康危机、经济危机、社会危机、种族危机、环境危机，以及日益加剧的地缘政治紧张局势。面对这些挑战，人们越来越意识到，如果员工、客户和社区不健康，企业和社会就无法繁荣。越来越多的领导者认为，创造一个更美好、可持续的未来需要企业以一种和谐的方式服务于企业所有的利益相关者——而不仅仅是企业的投资者。

6.4.1 改变思考方式

为了实现这一转变，领导者需要思考他们的使命和领导方式。百思买（Best Buy）的前任董事长兼首席执行官休伯特·乔利（Hubert Joly）提出以下几条建议，如表 6-2 所示。⊖

第一，不论在好的时代还是坏的时代，我们都应该追求一个崇高的目标。

第二，时刻准备把人放在核心位置。

第三，致力于创造一种能促使每个员工变得成功的环境。

第四，作为领导者，我们需要接受相互依赖的事实。

领导者只有这样做，才能创造一个可持续的未来。

表 6-2 在利益相关者时代如何发挥领导作用

角度	主要观点	如何实现
追求一个崇高的目标	商业的目的是为共同利益做出贡献	• 找到企业的目标 • 使目标有意义 • 使目标落到实处

⊖ 资料来源：https://hbr.org/2021/05/how-to-lead-in-the-stakeholder-era。

（续）

角度	主要观点	如何实现
把人放在核心位置	释放人类能力	• 帮助人们发现个人目标 • 将个人目标与公司的崇高目标联系起来 • 把人当作因其独特才能而被重视的个人，而不是"人力资本"
创造促使每个员工变得成功的环境	当考验发生时把目标和人放在中心	• 在有挑战性的危机中坚持到底 • 创造、培养和体现一种集体精神
接受相互依赖的事实	零和领导力的结束	• 将客户视为有需求的人 • 与供应商进行联系和合作，使双方都受益 • 为他们的社区做出贡献 • 拒绝接受股东不惜一切代价追求短期利润的观点

注：根据 Hubert Joly 于 2021 年发表于 *Harvard Business Review* 的文章 "How to lead in the Stakeholder Era" 的内容整理。

6.4.2 整体价值创造

很多时候，我们不得不面临伦理抉择。例如，尽管自动驾驶能够减少事故发生的概率，但事故仍会发生。此时，操控汽车的电脑将不得不做出决定：当碰撞不可避免时，汽车应该救下 5 名乘客还是一名路人？汽车应该优先考虑拯救年长者、孕妇还是年轻人？汽车制造商需要提前考虑这些难题，并对汽车的操作系统进行编程。此时，功利主义原则或许可以帮助我们，但这并不容易。如果目标只是实现价值最大化，那么汽车的程序应该被设置为限制集体的痛苦和损失，车里的人不应该被赋予特殊地位。根据这一原则，如果汽车必须在牺牲 5 个乘客的生命和牺牲路人的生命之间做出选择，那么它应该选择牺牲路人。然而，这必然会被批判，因为生命的价值无法衡量，哪怕是单个个体。

在商业领域可能同样面临类似问题，此时，我们该如何抉择？有人会说："小孩子才做选择题，成年人当然是全都要"。那么有没有两全其美的办法呢？哈佛商学院的 Max H. Bazerman 教授给我们提出了建议。[1]首先，通过沟通协调创造价值。哪一个对你来说更重要：薪水还是工作氛围？工作的稳定性还是自己对工作的兴趣？决策分析领域的学者认为，为了做出明智的决策，我们需要知道一个属性中有多少能够被另一个属性替换。最容易分析和权衡的是仅涉及我们自己的决定。一旦两个或两个以上的人参与一个决定，并且他们的偏好不同，这就是一场谈判。通常，谈判分析的重点是"什么对特定的谈判代表最有利"。谈判专家往往会给出很多策略，例如，建立信任，共享信息，提出问题，提供创造价值的信息，同时谈判多个问题，以及同时提出多个报价等等。但就你关心他人和整个社会的程度而言，你在谈判中的决定应该倾向于为各方创造价值，也就是"把蛋糕做大"。你不应忽视自己的价值主张，而是有意识地防止它妨碍你把蛋糕做大。尽管你的竞争对手可能也从中获益，但从长远来看，专注于价值创造仍然可能对你有用。作为一名让世界变得更好的谈判代表，你所建立的所有优秀关系都会弥补你偶尔遇到的机会主义对手所造成的损失。

其次，通过有效利用时间创造价值。人们往往认为合理分配时间与道德无关，但事实上两者确实有关联。时间是一种稀缺资源，浪费时间，不管是你自己的还是别人的，都会损害价值创造。相反，明智地使用时间来增加集体价值或效用符合道德行为的定义。因此，我们需要仔细地思考，我们的时间放在哪里最有价值，而不仅仅是凭着感觉或美好的愿望做出决策。这种决策可能包括有选择地说"不"，以及相信通过不同的选择来创造更多的价值。大卫·里卡多提出的比较优势概念可以作为我们时间决策的指导。评估比较优势涉及如何充分利用时间来创造最大的价值。当一个组织能够以比竞争对手更低的成本生产和销售产品与服务时，它具备比较优势。当个人能够以比其他人更低的机会成本执行任务时，他们也具备比较优势。每个人在自己的领域都有比较优势，因此通过合理分配时间，可以实现个人最大化的价值创造。例如，在科技

---

[1] BAZERMAN M H. Better, not perfect: a realist's guide to maximum sustainable goodness[M]. New York: Harper Business, 2020.

初创公司中，创始人的技术能力可能仅稍强于其他员工，甚至有些员工可能比他更有才华。然而，在与客户沟通方面，创始人比其他员工更高效。因此，他在客户沟通方面具有比较优势，当他专注于这个方面时，将创造更多的价值。然而，管理者往往本能地依靠自己和员工的绝对优势，却忽视了比较优势。这可能导致资源分配次优和损害价值创造。

6.4.3　矛盾领导力

在利益相关者时代，要兼顾各个利益相关者的利益并实现整体价值创造不是件容易的事情，矛盾领导力可能会给我们带来帮助。矛盾的观点源自于道家的阴阳观。根据这个观点，宇宙是一个不断循环变化的动态和谐系统，接受矛盾和变化是每个现象存在与发展的重要条件。企业与其所处的环境也在不断相互作用、变化和发展。因此，领导者需要理解企业发展中的矛盾，并进行有效的管理。

| 拓展阅读 |

如今，领导者需要在以下三个方面为企业创造价值。一是组织绩效，通常以短期收入衡量。二是持续创新，这是长期增长的引擎，通常由新兴技术推动。三是可持续发展与信任，需要通过关注利益相关者的利益而获得。那么实现这三个目标需要什么样的领导力？Ellyn Shook（埃森哲的首席领导力和人力资源官）和Peter Lacy（全球可持续发展服务负责人兼首席责任官）进行了一项调研，调研对象包括2 000名商业领袖和3 000名利益相关者，以及世界经济论坛青年全球领导者和全球塑造者社区中的1 800多位新兴领导者。调研结果显示，领导者责任包含以下五个要素。

- 包容利益相关方：在做决策时考虑到利益相关方的利益，维护信任和积极影响，营造一种包容的环境，使每个人都有发言权并有归属感。
- 情感与直觉：通过真实地面对自己，展现同情心、谦逊和开放的态度，释放承诺和创造力。
- 使命与宗旨：通过激发组织及其利益相关方对可持续繁荣共同愿景的追求，推进共同目标实现。
- 技术与创新：通过负责任地运用新兴技术进行创新，创造新的组织和社会价值。
- 智慧与洞察力：通过不断学习和交流知识，找到持续改进和成功的路径。

有趣的是，调研结果还显示，企业领导者和利益相关者（包括员工和消费者，以及其他利益相关者）的看法并不一致。前者认为技术和创新很重要，而后者却对具有成熟和完善的使命与目的，以及情感与直觉的领导者更感兴趣。

注：资料来源 https://www.accenture.com/us-en/insights/consulting/responsibleleadership。

在道家传统阴阳观的基础上，张燕等学者提出了关于矛盾领导力的观点。[一]他们认为，在推动企业长期发展方面，矛盾领导力体现为既相互竞争，又相互关联的领导行为，旨在同时满足企业发展中的竞争性需求，并在时间上进行持续调整。[二]具备矛盾领导力的高管能够运用这些行为来满足相互竞争的需求，包括：保持短期效率和长期发展、维持组织稳定性和灵活性、关注股东和利益相关者共同体，以及顺应并塑造环境中的集体力量。他们的研究发现，企业的长期导向有助于促进矛盾领导力行为的形成，而矛盾领导力会进一步推动企业的研发投资、市场份额和企业声誉的增长。

因此，在利益相关者时代，企业高管必须同时考虑并满足股东、利益相关者以及环境中其他外部集体力量的需求。在这个过程中，他们还必须同时考虑当前和未来的成功，在借鉴和摒弃过去的经验、打造未来的过程中管理多个矛盾。

[一] ZHANG Y, WALDMAN D A, HAN Y L, et al. Paradoxical leader behaviors in people management: antecedents and consequences[J]. Academy of management journal, 2015, 58(2): 538-566.

[二] ZHANG Y, HAN Y L. Paradoxical leader behavior in long-term corporate development: antecedents and consequences[J]. Organizational behavior and human decision processes, 2019, 155: 42-54.

6.5 伦理型与责任型领导者的培养

伦理型领导者关注较为微观的行为规范,通常被定义为"通过个人行动和人际关系展示符合规范的行为,并通过双向沟通、强化和决策向追随者推广这种行为"。而责任型领导者(responsible leadership)需要:能够清晰地意识并考虑到自己的行动对所有利益相关者造成的后果,以及通过促进受影响的利益相关者参与并进行积极的利益相关者对话来施加影响力,在此过程中,责任型的领导者应努力权衡和平衡利益相关者提出的权益要求。

| 讨论案例 |

走出老马的办公室,安心的手里紧紧攥着一个沉甸甸的信封。不知道是因为紧张还是恐惧,信封已经被手心里的汗水弄皱了。信封里装着十万元现金和一张名片。老马的话还在耳边回响:"这是麦主任他们移动办公所需经费,你抽空给他送过去。之前你没有类似的经验,所以我帮你都办好了,但是麦主任那边的关系还得你亲自去维护,毕竟这个呼叫中心建设项目是你负责的。下次你可以自己联系名片上的人把充值卡卖掉,这人跟我们已经合作很久了,非常靠谱。"

安心没有任何心理准备,本来准备好要汇报的工作此刻就像是一大块馒头卡在了喉咙里。"这……合适吗?"安心犹犹豫豫地挤出了这句有点唐突的话。老马淡定地拿出一张A4纸,上面稀稀拉拉地写着几行字,末尾还盖了个鲜艳的红章。安心接过来一看,是千里目中心出具的一封介绍信,内容大概是说介绍某某某前来办理移动办公业务,具体业务内容是购买手机充值卡,后面附了一张经办人的身份

○ 拉什,康纳威.责任管理原理:全球本土化过程中企业的可持续发展、责任和伦理[M].秦一琼,曹毅然,译.北京:北京大学出版社,2017.
○ BROWN M E, TREVIÑO L K, HARRISON D A. Ethical leadership: a social learning perspective for construct development and testing[J]: Organizational behavior and human decision processes, 2005, 97(2): 117-134.
○ VOEGTLIN C. Development of a scale measuring discursive responsible leadership[J]. Journal of business ethics, 2011, 98: 57-73.

证复印件。老马收回这张纸,认真地说:"我们把这些手续留存好,一切都是按照规定办事,没有任何问题。"

安心忍不住追问:"那购买金额和付款方式这里面没有明确说明呀?"老马轻轻皱了皱眉,依旧淡定地说:"只要遵守咱们公司的规定就没问题。有问题的话,业务部门也不会受理的。咱们要做的就是把所有合同和介绍信留存好,以备业务合规检查。"话已至此,安心知道再问下去只会自讨没趣,机械地拿起了老马递过来的信封,迈着沉重的步子缓缓走出了办公室。

思考与讨论:如果你是安心,面对类似情形,你会怎么做?

注:本案例节选和改编自钱小军所编《我不是沉默的羔羊——商业伦理案例选》(第二辑)。

无论是伦理型领导者,还是责任型领导者,都需要具备一定的管理能力,这些能力可以被分成四个群组(称为能力支柱):通晓(专业领域能力)、行动(方法能力)、交流/共处(社交能力)、状态(自身能力)。上述能力涉及传统管理的专业知识和伦理型、责任型领导者需要具备的各项技能,它们互为补充。举个例子,传统管理学要求的专业领域知识可能指向某个特定学科,比如人力和营销等。然而在责任型领导者的管理中,这些知识会扩展并融入伦理与责任。传统管理学中强调施加政治影响的能力,在责任型领导者的实践中则表现为变革代理人的技能。

自身素质与品德对于伦理型和责任型领导者来说同样重要。只有拥有了广阔的视野,才能够像一个中立的旁观者一样客观地审视自己的行为,这对致力于改善社会、环境和伦理问题的领导者来说,是非常关键的。责任型领导者应出于真诚的愿望帮助利益相关者,努力成为道德榜样,或者为特定的环保事业做出贡献。

与伦理型领导者类似,责任型领导者的社交技能必须出众。在利益相关者的管理过程中,责任型领导者需要具备与不同利益相关者群体沟通和协作的能力,同时带领员工针对不同群体采取恰当的社交策略。大多数领导者在还未真正从事负责任经营的企业工作之时,责任型领导者就已开始实践商业伦理与社会责任。因此，他们必须具备领导变革的能力，首先要批判性地观察现实情况，然后积极为企业转型做出贡献。

责任型领导者不仅要具备伦理型领导力技能，还需要具备宏观视角以及对利益相关者进行管理的能力。他们还需要了解可持续发展观念，并认识到全球和本地社会、环境以及经济问题对其发展产生的影响，将三重绩效融入管理过程中。同时，责任型领导者也需要认识和理解利益相关者，以最大化满足他们的价值。在社会责任实践中，道德哲学对于做出符合伦理的决策，并更好在员工中推广至关重要。责任型领导者应将这些知识应用于自己的工作、所服务的企业乃至整个行业。在将社会责任实践落实到具体的部门时，责任型领导者要首先意识到可以运用的管理工具。例如，营销经理需要了解社会营销、善因营销等概念，或在面向低收入人群时灵活调整传统的营销组合策略。他们还需理解战略的基本原则，并制定平衡利益相关者利益的战略。

最后，系统思维和跨学科思维的能力也是责任型领导者必不可少的。责任型领导者需要全面预判自己的行为可能在一个相互关联的复杂系统中引起什么样的后果。通过系统思维，责任型领导者可以从社会、环境和经济等维度评估自己的行为的影响，并厘清利益相关者之间错综复杂的关系网络。同时，跨学科思维也是必不可少的能力。责任型领导者应将多个学科融入自己的领导行为中，如与伦理哲学家、生物学家、社会学家等专业人士合作，或者在探讨技术方面的问题时，与工程师一起讨论可持续发展议题。

课后思考题

1. 假设你是营销部门的负责人。你们部门除了你之外还有 5 个人，他们的信息如下表所示。现在，企业董事会决定裁员，你需要裁掉部门中的 2 个人，作为部门经理，你会选择裁掉谁？

角色	性别	年龄	业绩	其他
老陈	男	59	一般	无
小李	男	35	非常好	拥有 MBA 学位
老丁	男	45	中等	家庭负担较重
小王	女	29	中等	一胎，怀孕六个月
老杜	女	46	一般	某董事的亲戚

2. 责任型领导者和一般领导者需要的技能有什么异同？
3. 要成为一个卓越的责任型领导者，你认为自己还缺少什么？

PART 4 第4篇

新时代社会责任面临的机遇和挑战

第 7 章　社会创新与创业

■ **教学目标**

1. 追求双重目标的企业
2. 社会创新
3. 创业形式的选择
4. 社会企业

创新是我们的力量，改变是我们的责任。
——纳尔逊·曼德拉

■ **引导案例**

某创业团队打算创建一个组织——食品云，旨在"将过剩的食物转化为有用的食品，让世界变得更友善"。为此，该公司开发了一个软件平台，将一些知名的零售商超与慈善机构联结起来，这些慈善机构将使用原本可能会被浪费的食物来帮助有需要的人们。就市场条件而言，食品云瞄准了一个新兴市场，具有非常多的机遇。然而，创业团队目前面临的困境是：无论是慈善机构还是消费者，几乎没有人愿意为该团队的创业活动提供资金，团队目前面临着严重的财务危机。

请思考：如果你是创业团队的领导者，你将如何带领团队走出困境，成功创业？你将选择何种组织形式（营利组织、非营利组织，还是其他形式）？

7.1 追求双重目标的企业

在追求经济目标的同时，不少企业主动追求社会目标。经济目标是企业的核心任务之一。作为商业实体，企业必须获取经济利益以维持运营和生存。盈利能力不仅能够确保企业的生存和发展，还能为员工提供良好的工作条件和薪酬福利，为股东带来回报，为社会做出税收贡献，推动经济增长和繁荣。然而，仅仅追逐经济利益是不够的。作为社会一员，企业也应该承担起社会责任。随着社会对企业的期望越来越高，企业也逐渐开始追求社会目标。社会目标包括关注环境保护、社区发展、人权保护、员工福利、消费者权益等各方面。企业需要积极采取措施减少环境污染，推动可持续发展。同时，企业也应该关注社区建设，投入资源促进贫困地区的发展，并积极参与公益事业，回馈社会。

在我国，国有企业承担着推动国家经济发展和社会进步的使命。经济目标在于实现盈利和增长，为国家贡献税收和就业机会。通过有效的经营和创新，国有企业能够为社会创造经济价值，提供优质产品和服务，促进经济繁荣。除了经济目标，国有企业也肩负着社会责任。它们积极参与社会事务，关注社会福利、环境保护、员工权益等，并且在企业活动中强调合规性和社会效益。根据政府的政策引导，国有企业在投资决策上也需要考虑到社会效益和可持续发展。政府对国有企业的社会责任要求更高，要求它们以身作则，为整个市场树立榜样，在它们的考核指标中，社会责任占有很大的份额，这也是为什么国家出台一些政策或号召的时候，往往是国有企业率先执行。

一些大型跨国企业经过多年的发展和积累，通常具备前瞻性的眼光和战略规划。它们意识到要想保持长远的竞争优势，必须在经济成功的基础上取得可持续发展。因此，跨国企业往往会设定双重目标，即追求经济利益并履行社会责任。在经济层面，它们追求盈利和增长，为股东和投资者创造价值。然而，大型跨国企业在运营过程中也面临来自母国、东道国和国际社会的多重压力和期望。这些利益相关者希望企业不仅实现经济利益，还能履行社会责任。因此，大型跨国企业必须设定双重目标，以保持可持续发展。它们还关注社会和环境的可持续发展，并通过业务运营和社会投资来回馈社会，促进社会公平和进步。大型跨国企业的意识和行动使它们能够在经济和社会领域实现全面发展并不断扩大自身影响力。通过在众多利益相关者的关注中实现平衡，大型跨国企业会在全球舞台上取得成功，并为全球社会和经济发展做出积极贡献。

不少责任创新型企业都会将社会目标融入其业务模式中，通过创新的产品或服务来满足社会需求，例如提供清洁能源解决方案和数字化教育平台等。提供清洁能源解决方案能帮助其他企业减少对传统能源的依赖，推动环境保护与可持续发展；而数字化教育平台则为全球各地的学习者提供了新的教育平台，促进了知识共享与人才培养。责任创新型企业不仅关注利润，也重视解决社会问题，并通过创新手段和技术来应对这些问题。它们致力于推动可持续发展，并在此过程中创造社会价值，为社会发展做出贡献。这些企业的存在证明了商业与社会责任的融合是可能的。将社会目标融入商业模式中，它们既能追求经济利益，又能产生积极的社会影响。这种责任创新型企业的兴起对推动可持续发展和实现社会繁荣具有重要意义。

追求双重目标最为典型的是社会企业。社会企业的经营目标不仅包括追求利润，更着重于解决社会问题。它们将社会目标融入经营模式中，例如为弱势群体提供就业机会、推动环境保护等。社会企业的核心使命是通过商业手段解决社会问题。它们意识到仅追求利润的传统商业模式无法全面满足社会需求，因此将社会目标与商业运营相结合。通过为弱势群体提供就业机会，社会企业不仅帮助他们改善了他们的经济状况，还为他们提供了发展和融入社会的机会。同时，社会企业还致力于关注环境保护问题，积极推动可持续发展，以确保未来后代的福祉。为了确保实现社会目标,社会企业常以社会效益和影响力作为衡量标准,而不仅仅关注纯粹的利润。尽管社会企业追求商业可行性,但其经营决策主要以符合社会使命为导向,致力于在商业模式中创造积极的社会变革和长远的可持续发展。社会企业不仅关注经济上的成功,更注重为社会创造福祉。独特的经营模式和社会价值观使其在推动社会进步和解决社会问题方面发挥着重要作用。社会企业致力于通过商业手段来实现社会效益,并为建设更加包容、可持续和繁荣的社会做出贡献。我们在后面将重点介绍社会创新和社会创业。

7.2 社会创新

7.2.1 社会创新的重要性和特点

什么是社会创新?简单来说,社会创新(social innovation)就是使用创新性方案解决社会问题的过程。Sarah A Soule、Neil Malhotra 和 Bernadette Clavier 将社会创新定义为:"为了支持社会进步而开发和推广有效解决方案的过程,以应对具有挑战性且通常带有系统性的社会和环境问题"。他们还强调,社会创新并不限于特定的组织形式或法律结构,它不是某些特权或独特的领域。解决这些问题通常需要政府、企业和非营利组织等不同利益相关者之间积极合作。

刘惠婷是浙江省桐乡市濮院镇油车桥村的党总支委员和村委会副主任,同时也是"全国乡村振兴青年先锋"。她大学毕业后本可以留在大城市从事会计工作,然而她却毅然选择回乡成为一名农民。她带领家乡合作社快速发展,脱下工装之后又成为一名村干部,致力于解决民生问题和带领群众脱贫致富。受父亲的影响,刘惠婷从小就对机械感兴趣。她不仅能修理农机,还擅长改进机器。一位 53 岁的农机主在负责开沟任务时面临一个难题,那就是土地里含有坚硬的水泥块,导致农机刀片很容易磨损。农机主无奈之下,向刘惠婷寻求帮助。刘惠婷自己动手将机械进行改造。起初，她尝试增强刀片硬度，结果发现刀片容易断裂，甚至损坏轴承和齿轮。于是，她寻找刀片替代品，并不断尝试降低磨损率。这项小小的工艺改进帮助农机主解决了紧急情况，顺利完成了开沟任务。目前，这项技术也已经帮助刘惠婷探索到了新的业务领域。毫无疑问，这是一项重要的社会创新。

最为典型的一种社会创新是环境创新，又叫绿色创新或生态创新。环境创新可以被定义为开发新的实践、想法、产品或流程的过程，旨在减少人类对环境的影响并促进生态可持续性。⊖它需要不同行动者采取措施，以降低环境负担，提高资源效率，减少废弃物和污染物的产生，并寻求环境友好型解决方案。环境创新通过引入新技术、方法或策略的方式来推动可持续发展，在经济和社会发展的同时确保对自然环境的保护。它在许多领域中发挥着重要作用，包括能源、水资源、废物管理、交通、建筑和农业等，为人类创造了更加可持续和生态友好型的未来。

社会创新之所以重要，是因为它可以解决被忽视的问题。全球都面临着不断增长和复杂化的社会挑战。当政府和其他大型机构无法很好地解决这些问题时，需要找到创造性和负责任的方法。社会创新家站在技术、经济和权力的交汇点上，随时准备提供帮助。他们试图通过许多不同的方式解决问题，比如组建跨学科团队。社会创新家倾向于使用开放式创新结构，确保他们的创新解决方案可以在其他地方复制。社会创新家也存在于政府、私营部门和非营利组织等多种结构的组织中。例如，维基百科等组织致力于满足人们的信息需求和改善人们的生活；电话热线在需要时可以挽救生命；在线论坛可以提供专业帮助；公平贸易运动帮助生产者获得公平的价格；消费者合作社致力于帮助会员；中国农民合作社致力于提高农民收入……全球各地，成千上万的社会创新家的小项目正在努力让生活变得更加轻松。

⊖ OECD. Sustainable manufacturing and eco-innovation: framework, practices and eco-innovation[A/OL]. (2008-12-11)[2023-11-1]. https://www.oecd.org/innovation/inno/43423689.pdf.

社会创新通常发生在不同领域的混合交叉点。同时，紧密合作和改变利益相关者之间的互动与关系模式对社会创新至关重要。[一]社会创新需要私营企业、非营利组织和公民在社会领域共同合作。社会创新不是孤立进行的，而是需要通过与外部参与者进行复杂的互动来实现的，仅凭借其创造力来推动社会创新的"英雄式创新"观念更多是一种幻想而非现实。个人和单独的组织无法独立推动社会创新的解决方案进入下一个发展阶段。社会创新依赖于政府、非营利组织和其他利益相关者之间的开放交流，共享经验、知识、技能、技术支持等其他资源。非营利部门和市场之间存在着较大的重叠，这改变了现有的运作模式，并引入了新的参与者。社会企业和新型合作社等混合型组织在社会领域中履行各种功能，与传统的非营利组织和公共机构一起运作或代替它们。

社会创新主要通过社会组织进行传播。例如，印度的Childline基金会是一家致力于为处于危机或困境中的儿童提供救助保护热线服务的非政府组织。印度妇女和儿童发展部提供资金支持1098救助贫困儿童国家求助热线，但指定Childline基金会管理。Apopo.org是一家利用老鼠治疗和救助人类的非营利组织，训练老鼠在特定领域中发挥作用，如地雷检测和结核病筛查等。这种社会创新方法在提供人道救助和保障人类健康方面展现了巨大的潜力，为社会带来了积极的影响，并且为问题提供了新颖而有效的解决方案。

7.2.2 社会创新的经典案例

基于慈善的小额信贷机构，如格莱珉银行（Grameen Bank），一家乡村银行，开创了一种金融商业创新模式，为传统上无法进入正规银行系统的穷人提供小额贷款和金融服务，为低收入创业者提供资金支持，并带动许多社区的经济发展。

[一] KRASNOPOLSKAYA I, MINNIGALEEVA G. Social innovation[J]. Global encyclopedia of public administration, public policy, and governance, 2018, 15(1):71-79.

回收再利用和升级再利用倡议是循环经济模式的重要组成部分，旨在最大限度地减少废物并提高资源使用效率。通过回收再利用，废物可以被重新加工，转化为有价值的资源，从而避免它们成为环境问题的源头。升级再利用通过对废物中可重复使用的部分进行整修和再加工，延长了产品的生命周期，减少了对新资源的需求。这些倡议在降低环境影响的同时创造经济机会，促进可持续生产和消费模式。

推广太阳能和风能等可再生能源的倡议是社会创新的重要例子。太阳能和风能等可再生能源的使用不会产生温室气体和空气污染物，这些绿色能源减少了对大气层的负担，有助于改善空气质量和维持生态系统的健康。这些解决方案还为人们提供了清洁能源选项，从而减少了对有限资源的依赖，以应对气候变化和环境破坏带来的挑战。此外，可再生能源的推广还创造了大量的就业机会，促进了经济发展和投资。

开源系统是一种社会创新形式，以其开放和协作的特点而闻名。志愿者将构建的开源系统免费提供给用户，并且将知识产权共享。这种模式促进了知识的共享和合作，打破了传统商业模式的壁垒，为技术的发展与创新提供了无限的可能。开源系统不仅使技术资源更加普惠可及，还鼓励了开放交流和共同进步的文化。

除了上述已经推广开来的社会创新，还有一些企业在社会创新方面处在前沿。例如，Easty是一家专注于帮助视觉障碍人士的企业，能够提供特殊的多功能餐具套装。这些餐具设计独特，考虑到了盲人和视障人士的需要。套装包括有声辅助功能、凹槽、标记等，可以帮助用户更方便地感知食物的位置和形状，提高他们在用餐中的独立性和满足感，为视障人士提供了更多自主和舒适的用餐体验。

海斯比的移动浮岛是一项富有创造性的社会创新，它可以打造与陆地环境相似的生活、活动和工作空间。这些浮岛可以为海洋文化旅游、海洋牧场建设、海上风电场、海上仓储、码头港口、污水处理等行业提供装备平台。同时，这些浮岛具有可移动性、绿色环保、智能化和舒适居住的优势，并能抵御风浪等恶劣天气条件的影响，适应不同的环境和气候状况。

国家电网的鸟窝灯是一种独特的社会创新。其光源设计灵感来自鸟巢的结构，为城市提供了柔和而均匀的照明效果。鸟窝灯不仅节能环保，还增添了城市的美感，并为人们创造了更加舒适的生活环境。这种社会创新推动了城市的可持续发展，同时促进了人与自然的和谐共存。

特斯拉引领着全球电动汽车制造业，以先进技术和创新设计推动汽车行业的社会创新。该公司致力于推广清洁能源应用，减少环境污染。特斯拉的高效电动引擎和电池取代了传统燃油发动机，让新能源车具备明显的优势，零排放并减少空气污染。其强大的电池技术和超级充电网络解决了电动汽车续航和充电的限制，为用户提供了方便可靠的出行方式。特斯拉的成功吸引了其他制造商，共同推动汽车向环保和高效方向发展，探索更多绿色出行的可能性，共同构建可持续发展的未来。

7.2.3 社会创新的过程

社会创新是一个多阶段的过程，而不仅仅是新想法的初始创造阶段。具体来说，社会创新的过程主要包括如下几个阶段。[一]

第一，基础阶段。社会创新不是随意产生的，需要有一种文化基础。为了成为一种趋势，需要具备几个因素。首先是排除，它提供了对大多数人来说看不见的问题的外部视角。其次是对现状的不满和改变的意愿。然后是热情，它是实现变革所需的推动力量。最后是承诺，它创造了持久的变革。一旦这四个主要因素存在，社会创新的第一步就可以开始。

[一] https://csi.thenudge.org/blog/what-is-social-innovation-and-why-is-it-important。

第二，确定需求和解决方案阶段。社会创新的核心在于满足未满足的需求。了解这些需求，确定可能的解决方案，并产生解决问题的创新思想是社会创新的第二步。通过寻找新的可能性并将其与正确的需求匹配，使用新兴技术和组织形式等资源，社会创新的方向将会逐步形成。

第三，开发和试点阶段。社会创新企业非常想快速知道自己制定的创新项目会不会失败，因此在社会创新的过程中，开发试点项目或制作原型非常重要，这样就可以快速测试创新项目是否可行，并减少资源的浪费，同时积累宝贵的经验，为下一步改进提供新的方向。

第四，评估成功、扩大规模和推广阶段。这是整个过程中最复杂的阶段，需要社会创新企业具备战略思维、对未来的一致愿景、形象和资源的聚集能力。在这个阶段，社会创新企业需要评估成功的试点项目，然后从中选择出一个最佳的想法将其推广。这通常需要社会创新企业寻找愿意投资于愿景的支持者。

第五，学习与适应阶段。一旦社会创新项目开始运作，社会创新企业就进入学习与适应阶段。社会创新项目会随着周围社会环境的要求而变化，并成为社区支持结构的一部分。在这个过程中，社会创新企业不断学习和适应可以推动项目的可持续发展。

社会创新是一个快速发展的领域。社会创新家通过动态的过程来实现创新，不断寻找解决社会问题的新途径，并不断适应环境变化，为社会变革做出贡献。虽然社会创新还是一个新兴学科，但时间会告诉我们它会促进社会进步。

苏轼曾说，凡人为善，不自誉而人誉之；为恶，不自毁而人毁之。社会创新对企业而言不仅是一种责任和义务，也是一个机会。它可以提高企业的市场竞争力，为企业开辟新的市场机会，提升企业员工士气，促进创新和可持续发展，并更好地与其他企业建立合作伙伴关系，进一步推动企业的成功和可持续发展。

7.2.4 社会创新的商业模式[一]

仅仅了解社会创新的过程并不足以帮助社会创新企业取得成功，还需要为社会创新寻找适合的商业模式。适合的商业模式能将企业内外部联系起来，勾勒出与不同群体互动的方式，并能更好地捕捉价值或将其货币化。[二]虽然商业模式与商业战略以及商业模式与营销战略之间存在联系，但它们并不是同一件事，企业的商业模式能反映出其实践的战略，因此外部观察者可以通过查看其商业模式来了解企业的战略。[三]创造价值是企业社会创新的最终目标之一。基于活动系统，图7-1展示了社会创新商业模式的互动过程。

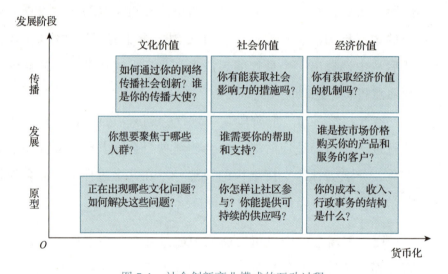

图7-1　社会创新商业模式的互动过程

商业模式可以被视为战略与战术之间的关键环节，战术是指根据选择的商业模式采取的具体方案。[四]因此拥有一套战略非常重要，因为它能

[一] GASPARIN M, GREEN W, LILLEY S, et al. Business as unusual: a business model for social innovation[J]. Journal of business research, 2021, 125: 698-709.

[二] BADEN-FULLER C, MANGEMATIN V. Business models: a challenging agenda[J]. Strategic organization, 2013, 11(4): 418-427.

[三] CASADESUS-MASANELL R, RICART J E. From strategy to business models and onto tactics[J]. Long range planning, 2010, 43(2): 195-215.

[四] OSTERWALDER A, PIGNEUR Y. Business model generation: a handbook for visionaries, game changers, and challengers[M]. Hoboken: John Wiley & Sons, 2010.

更好地支持商业模式的设计和实施。图 7-2 展示了企业社会创新的战略框架，主要包括以下几个重要的组成部分。

- 过程：从识别社会需求并定义解决这些需求的创新理念开始。在这个阶段，社会创新企业要对原型在产品、流程、组织或营销等方面做出决策，并进行价值映射，以起到辅助决策的作用。
- 网络：需要动员内部和外部的客户与受益者网络，共同创造社会和文化价值，并同时维持、获得和保留经济价值，以交付社会和文化价值。
- 经济价值：如何支持社会创新企业的经济可持续增长。
- 影响力：用创建机制来捕捉社会、经济、生态和文化对社会以及中小微企业的影响。

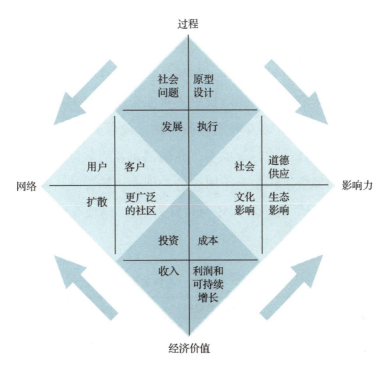

图 7-2　企业社会创新的战略框架

7.3 创业形式的选择[一]

社会创新的转化也可以通过创业形式来实现，这就需要创业者们考虑创业的组织形式。选择哪种组织形式来启动创业更好？如果你要创办一家销售商品或服务，并打算获得盈利的企业，那你应该选择成立一家营利型公司。而如果你想解决一个紧迫的社会或环境问题，那你应该创建一个非营利组织，但你要考虑到，它虽然可以接受免税捐赠，但也在某种程度上限制了组织的政治活动和赚取收入的方式。现在，随着社会企业越来越多，创业者们意识到，还可以设立混合型组织。风险慈善和影响力投资的出现，也为同时追求财务回报和社会回报（即做善事创造价值）的社会企业家提供了资金支持，这使得创业者的选择变得多样化，同时也带来了选择困惑。

创业者需要在融资之前考虑选择哪种组织形式更好，如表 7-1 所示。如果一家非营利组织筹集了大量捐款后决定转型为营利性公司，捐赠者可能会持反对意见。同样，如果一家营利性公司接受了风险投资后决定转型为非营利组织，风险投资方可能会全额损失投资，并且新的捐赠者可能不会相信创始人对使命的承诺。此外，混合型组织需要更复杂的管理结构和高昂的行政成本，在初创企业面临巨大压力的早期阶段，增加一倍的筹资工作量是不明智的。创业团队应该认真分析以下四个因素（市场、客户、资本和人才与特殊资源），以便在建立组织之前做出最佳决策。

表 7-1 选择何种组织形式

项目	营利性组织	非营利组织
市场	庞大、不断增长、竞争激烈	小、不成熟、碎片化
客户	大规模接触和服务是有利可图的	大规模接触和服务是不赢利的，需要补贴

[一] BRUMME C, TRELSTAD B. Should your start-up be for-profit or nonprofit [J]. Harvard business review, 2023, 101(5-6): 136-145.

（续）

项目	营利性组织	非营利组织
资本	充足的私人资本和商业银行服务 具有流动性的资本市场可供退出 缺乏感兴趣的捐赠者	没有风险投资，但有足够的慈善资本启动
人才与特殊资源	团队以市场价格支付，没有特殊资源	愿意接受低于市场薪酬水平的员工 任务一致性的高水平内在回报 获得知识产权、专业服务或客户

注：资料来源 BRUMME C, TRELSTAD B. Should your start-up be for-profit or nonprofit[J]. Harvard Business Review, 2023, 101(5-6): 136-145.

第一，市场准备好了吗？作为早期战略工作的一部分，企业家必须评估市场规模、增长率和竞争水平。特别是社会企业家，在欠发达的新兴市场运营时，需要进行更复杂的评估，因为在这些市场创造需求的成本很高。

第二，客户愿意付费吗？企业家必须测试目标客户及其对于企业的价值主张的支付能力和意愿，以确定定位为营利性还是非营利性。然而，需要注意的是，早期试点测试结果不能代表整个市场，整个市场的实际反应可能与测试结果完全相反。

第三，可用资金在哪里？社会企业家要估算企业所需资金和盈亏平衡后的现金流量，并预测出售时间、金额和对象。此外，他们还需要了解企业近期和中期可用资金，考虑成功可能带来的影响，以及对投资者或捐赠者的影响。

第四，如何吸引人才与特殊资源？社会企业家必须评估所需人才类型，以及使命是否具有足够的吸引力，以低于市场的薪酬水平吸引有激情和努力工作的人员。如果非营利组织需要高端人才，但薪酬与营利性组织相差较大，那么它将很难与其竞争。非营利组织在获取稀缺或专有资源方面具有优势，包括无偿法律支持、知识产权许可、商业伙伴关系、监管机构的优惠待遇以及正面宣传的机会等。

刘波是湖南省涟源市龙塘镇云河新村的居民，曾在北京某部队服役。退伍后，他先后担任过酒店部门经理和销售总监。然而，他内心深处一直梦想着从事农业。此后，刘波决定回乡创业，继承父辈的事业，成为农业领域的翘楚。他勤奋钻研种植技术，并与乡亲和战友们共同筑起了田园梦想。在组织结构的选择上，他充分考虑了合作社与农业企业的优势。2012年，为流转土地种植水稻，他首先成立了涟源市万和种植专业合作社。随着种植规模的不断扩大，需要的农机越来越多，为了方便自用和社会化服务，2014年他成立了涟源市万和农机专业合作社。随着农机专业合作社的进一步发展，他发现加工和销售自产自销的大米成了重中之重，于是他在2018年成立了湖南省珠梅湾农业开发有限公司。

依托合作社，他们流转了1 000多亩①稻田，大力推行机械化和科学化种植。他们还吸引了众多退役军人加入农业生产，并与安平和桥头河等乡镇合作社建立了密切联系，在帮助86户建档立卡贫困户增加超过130万元收入的同时，推动了当地农业的发展。而依托珠梅香米品牌，珠梅湾农业开发有限公司的大米销售也取得了很好的成绩。如今，他的创业已经取得了显著成功，刘波本人也荣获了"湖南省十佳农民"和"最美退役军人"等荣誉称号。

在本章开头的案例中，食品云是一家位于都柏林的非营利社会企业。该组织成立于2013年，由Aoibheann O'Brien和Iseult Ward创立，旨在将过剩食物转化为可用食物，并让世界变得更加友善。为此，该公司开发了名为Foodiversity的软件平台，将特易购等零售商与慈善机构联系起来，这些机构将使用原本可能被浪费的食物。然而，由于该市场仍在形成中，且缺乏固定客户，企业活动存在较大风险。此外，作为一家初创企业，食品云缺乏知名度和认知度，难以获得资金支持。

针对目前的资金问题，食品云应寻求与其他机构合作，学习如何降低成本。此外，通过企业的使命感召，可以吸引接受较低工资的优秀人才加入企业，进而节省成本。同时，企业还可以向慈善基金等机构寻求投资。

---

① 1亩 = 666.67m²。

食品云与特易购的合作是一个优秀的范例，展示了如何在不关注单位成本或价格的情况下重新分配剩余食品。仅在2021年，食品云与特易购合作重新分配了1.6万t剩余食品，将它们转化为3 900万顿饭，避免了5.2万t二氧化碳排放。与此同时，该企业成功获得了慈善风险基金"爱尔兰社会企业家"和爱尔兰主要银行AIB的投资。作为非营利性企业，食品云利用其社会使命成功吸引了世界级人才，这些人才热衷于帮助应对食物浪费和气候变化。食品云的成功为慈善机构提供了一个杰出的范例。

7.4 社会企业

7.4.1 社会企业的特点

社会企业通常被定义为一种混合组织，[1]建立在明确的社会目标基础上（例如改善被边缘化或遭受苦难的人群的教育、健康、营养和安全），努力创造社会价值，同时以创业和创新的方式实现利润。[2]社会企业既不是传统的企业，也不是传统的非营利组织。[3]社会企业以解决社会问题和创造社会价值为使命，同时通过商业手段运作。与传统的企业相比，社会企业更加注重考虑社会和环境影响，并将社会目标纳入其经营模式中。它们追求双重底线，即经济效益和社会效益。与传统的非营利组织相比，社会企业更加注重创造可持续的经济价值。它们通过商业模式的创新，建立健康的财务模式，为社会问题的解决提供持久的支持和可行的方案。社会企业的出现显示了一种新兴的商业模式，即以经济效益和社会效益为双轨驱动。它们形成市场化运作的社会创新力量，通过经济

---

[1] DOHERTY B, HAUGH H, LYON F. Social enterprises as hybrid organizations: a review and research agenda[J]. International journal of management reviews, 2014, 16: 417-436.

[2] SAEBI T, FOSS N J, LINDER S. Social entrepreneurship research: past achievements and future promises[J]. Journal of management, 2019, 45(1): 70-95.

[3] DACIN P A, DACIN M T, MATEAR M. Social entrepreneurship: why we don't need a new theory and how we move forward from here[J]. Academy of management perspectives, 2010, 24(3): 37-57.

手段来推动社会福祉的提升，为实现可持续发展和社会繁荣做出自身贡献。社会企业的特点如表7-2所示。

表7-2 社会企业的特点

项目	传统企业	社会企业
主导的组织形式	营利性	非营利性或营利性
主要目标	经济目标	社会变革/社会福利
产品	创造/分发产品或服务	推动意识形态/社会变革
冲突点	生存 vs. 发展	经济 vs. 社会使命

注：资料来源 DACIN P A, DACIN M T, MATEAR M. Social entrepreneurship: why we don't need a new theory and how we move forward from here[J]. Academy of management perspectives, 2010, 24(3): 37-57.

社会企业对社会是有益的，而这种有益是一种正向的外部性。外部性是指一个经济主体的行为对其他市场参与者或整个社会产生的附加成本或利益，而这些附加成本或利益无法通过市场价格准确反映出来。[1]外部性可能是正向的，也可能是负向的。正向外部性意味着一个经济主体的行为给其他人或社会带来积极影响，例如环境保护措施可以改善周围社区的空气质量和水资源。而负向外部性则表示一个经济主体的行为对其他人或社会造成负面影响，例如污染物排放可能导致健康问题或破坏生态系统。在市场经济中，由于无法准确反映外部性的价值，可能导致资源配置不完全或不正确。因此，政府和其他利益相关者通常需要采取措施来将外部性内部化，例如通过法律、税收政策、奖励机制等手段纠正非市场的成本或利益，以实现社会福利的最大化。社会企业正是通过从事具有正向外部效应的活动，使弱势人群受益，而这些弱势人群容易被忽视。

总体来说，社会企业具有如下几个特点。[2]第一，社会创业的独特领

---

[1] RANGAN S, SAMII R, VAN WASSENHOVE L N. Constructive partnerships: when alliances between private firms and public actors can enable creative strategies[J]. Academy of management review, 2006, 31(3): 738-751.

[2] SANTOS F M. A positive theory of social entrepreneurship[J]. Journal of business ethics, 2012, 111(3): 335-351.

域在于解决社会上被忽视但具有积极外部效应的问题。第二，社会企业家更有可能在受益于弱势群体的地区进行工作，以实现局部的积极外部效应。第三，社会企业家更倾向于寻求可持续的解决方案，而非仅仅追求可持续的优势。第四，社会企业家更倾向于构建授权逻辑而非控制逻辑的解决方案。

7.4.2 典型的社会企业家

社会企业家往往被人们赞誉为英雄人物。最著名的社会企业家是穆罕默德·尤努斯（Muhammad Yunus），他是格莱珉银行的创始人，也是诺贝尔和平奖获得者。○尤努斯于1940年6月28日出生在孟加拉国的吉大港的巴斯蒂涅村，那里当时是有名的商业中心。他的父亲是一位成功的金匠，总是鼓励儿子们接受高等教育。他的母亲苏菲娅·卡通（Sufia Khatun）以帮助上门寻求帮助的穷人而闻名。这激发了他致力于消除贫困的决心。他的童年早期是在村庄度过的。1947年，他的家人搬到了吉大港，他的父亲在那里经营珠宝业务。1974年，已是吉大港大学经济学家的尤努斯教授带领他的学生前往一个贫困村庄进行实地考察。他们采访了一位制作竹凳的妇女，得知她每做一个竹凳必须借贷相当于15便士○的费用购买竹子原料。在还清中间人借款（有时每周的利率高达10%）之后，她只剩下1便士的利润空间。如果她能以更有利的利率借款，她就能积累经济基础，摆脱生活贫困。

尤努斯意识到他所教授的经济学存在严重问题，于是他慷慨解囊，捐款帮助了42名竹凳制作者。他发现，用这些少量的金钱不仅可以帮助他们生存，还能激发个人主动性和创业精神，帮助他们走出贫困。尽管遭受到银行和政府的反对，尤努斯仍继续发放"小额贷款"，并于1983年创立了格莱珉银行，意为"村庄银行"，以信任和团结的原则为基础。如今，格莱珉银行在孟加拉国拥有2 564个分支机构，为8.29万

○ 资料来源：https://www.grameen-info.org/grameen-founder-muhammad-yunus/。

○ 1便士＝0.01英镑。

借款人提供服务，在 81 367 个村庄中开展业务，拥有 19 800 名员工。格莱珉银行借款人中的 97% 是女性，贷款偿还率超过 95%，甚至一度超过 97%，远高于其他任何银行系统的回收率。格莱珉银行的做法已经在包括美国、加拿大、法国、荷兰和挪威等 58 个国家的项目中得到应用。

巴特·维特根斯（Bart Weetjens）是 Apopo.org 的创始人。[①]他是荷兰的一名产品设计师，与坦桑尼亚莫罗戈罗的当地社区合作训练老鼠。通过训练非洲大口袋鼠，维特根斯创造了所谓的"英雄老鼠"。这些受过训练的老鼠经过与地雷探测犬类似的严格测试，能够成功找到地雷。他还展示了他们在实验室中用于诊断结核病的技能。维特根斯和 Apopo.org 还将类似的方法应用于其他领域，训练老鼠在医院中帮助检测结核病。

| 拓展阅读 |

随着时代最具挑战性的社会问题，如健康、贫困和可持续发展的出现，人们日益期望私营企业能为解决这些问题发挥作用。然而，这可能会导致目标冲突。Kibler 及其合作者 2018 年的研究探讨了这种冲突如何在工作于营利性公司的企业家生活中体现，并首次提供有力证据表明这可能对他们的健康和福祉产生严重影响。研究者从英国工作年龄人口的代表性数据库中随机招募了 1 388 名受访者，收集到原始的纵向调查数据，回复率为 39%。样本由 25% 的企业家和 75% 的员工组成，而研究重点放在企业家的子样本上，进行了三轮周期为两个月的调查。问题包括"亲社会动机和帮助他人的意愿""对生活中重要事情的掌控和应对能力"等方面。

研究结果显示，社会压力是社会企业家面临的一个重大问题。当企业家试图在实现商业目标的同时回报社会时，他们可能会感到过度责任，从而导致个人资源耗竭，包括与家人相处时间的减少和睡眠质量的下降。然

---

① https://www.ted.com/talks/bart_weetjens_how_i_taught_rats_to_sniff_out_land_mines

而，拥有高度自主权的社会企业家所承受的工作压力较轻。这些企业家可以组织他们的企业，自主地决定如何、在何处以及何时帮助他人，从而更好地管理工作压力水平。然而，具有高度自主权的社会企业家仍然是少数。核心问题是：我们是否能帮助所有社会企业家保护他们的自主性，并将他们的压力特别是社会压力降低到可控的水平？尽管在当今商业世界中社会企业的重要性以及它们所承担的压力广为人知，但社会对它们的期望仍然很高，这可能给企业家带来压力，同时也可能威胁到他们自己的健康。

因此，领导者应该意识到推动内部社会创业计划的不利后果。他们应该帮助企业家组织工作，尽可能地赋予个人自主权。如果经营社会企业的人的精力耗尽，社会企业就无法持续产生影响，这无异于竭泽而渔。

注：本案例来自 Kibler 与其合作者 2018 年发表在 *Harvard Business Review* 上，题为 "Why social entrepreneurs are so burned out" 的文章。

"暗中对话"（dialog in the dark）是一个增强意识的展览和特许经营项目，同时也是一个社会企业。[1] "暗中对话"项目指的是在完全黑暗的环境中，失明导游带领参观者以小组形式进行体验和交流。该展览不仅为失明、残障和处于不利地位的人提供就业机会，还旨在改变人们对残障和多样性的观念。自 1988 年首次推出以来，有超过 1 000 万人参观了"暗中对话"，并为 6 000 多名失明的人提供了就业机会。创始人安德烈斯·海内克（Andreas Heinecke）通过研究失明人的生活，努力打破视障者和正常人之间的障碍，倡导开放对话和交流。该展览于 1988 年首次亮相，并在接下来的 10 多年里巡回世界各地。目前，该展览在 40 多个国家的 150 多个城市举办永久展览，包括在日本、意大利、以色列、奥地利、美国、澳大利亚和新加坡等地，在我国上海也有体验馆。企业由 Dialogue Social Enterprise 领导和拥有，不仅提供展览和商业研讨会，更重要的是改变了人们对多样性和容忍的认识。

---

[1] http://www.dialogueinthedark.com.cn/about/。

7.4.3 农民专业合作社

我国的农民专业合作社是一种致力于为农民提供就业机会，帮助农民脱贫致富的社会组织。其中最为典型的几个例子是：以乡村旅游和运营开发为基础的袁家村合作社，以果蔬大棚种植为依托的茌平耿店村合作社，以及以农业生产社会化服务为依托的锦绣千村农业专业合作社，它们为当地农民的致富和农村的振兴发挥了重要作用。

袁家村合作社位于陕西咸阳，通过充分利用当地丰富的自然和人文资源，积极开展乡村旅游和运营开发，取得了良好的效果。合作社以当地的乡村特色和文化为依托，开展各类旅游项目，包括农家乐、民俗表演、旅游服务等，吸引了大量游客的到来，为农民创造了丰富的就业机会。同时，合作社着力推动农村经济的发展，通过旅游业的繁荣，带动了当地农民收入的增长和农村经济的繁荣。此外，合作社还积极引进投资，改善了当地的基础设施建设，提高了公共服务水平，为游客提供了更好的旅游体验。袁家村合作社的发展为农村经济的可持续发展做出了积极贡献。

茌平耿店村合作社位于山东聊城，主要从事果蔬大棚种植。合作社注重引进先进的种植技术和设施，不断提升农产品的品质和产量。他们与供应商和超市建立了稳定的合作关系，拓宽了销售渠道，有效地推广和销售优质农产品。此外，合作社还致力于提供培训和指导，帮助农民学习和掌握先进的种植技术与管理知识，使他们能够更高效地经营农业产业。通过合作社的运作，茌平耿店村的农民得以实现优质农产品的高效盈利，不仅增加了个人收入，也促进了当地农业经济的发展。

锦绣千村农业专业合作社位于湖南常德，致力于开展农业生产社会化服务，旨在打造区域农业社会化服务综合体。合作社以四位一体的"生产合作、供销合作、信用合作、培训合作"为核心，为农民提供全程、多元、高效的综合服务。合作社拥有强大的配送网络，年配送农资达10万t，确保及时供应优质农资，助力农民提高农产品的质量和产量。同时，合作社还积极发展种养殖技术，具备年育秧能力达 30 000 亩，为农民提供种苗和养殖技术支持。此外，合作社在日烘干方面具备 1 000t 的能力，能够帮助农民将农产品处理干燥，延长保质期。而年粮食加工能力达 50 000t，则为农民提供了粮食加工和销售的渠道。锦绣千村农业合作社通过全面的服务和专业的团队，为农民提供全方位的支持，助力他们增加收入、改善生活，并推动当地农业经济的发展。

这些农民专业合作社通过帮助农民整合资源、提供技术指导、规范生产和销售，为农民创造了更好的经济条件和生活品质。合作社还鼓励农民互助合作，共同解决生产、销售和经营过程中的问题。这种合作模式不仅促进了农村经济的发展和农民收入的增加，还推动了农村社会的和谐与进步。我国政府高度重视农民专业合作社的发展，通过政策扶持和培训等方式为合作社提供支持。目前，农民专业合作社已成为我国乡村振兴战略的重要组成部分，在农村经济增长和农民福祉提升方面发挥着重要作用。未来，农民专业合作社将继续发挥自身优势，推动实现乡村现代化，助力乡村振兴。

7.4.4 社会企业如何平衡双重目标

社会企业最大的难点之一是取得经济目标和社会目标的平衡，而两者的平衡则是社会企业生存的关键和存在的意义。这意味着需要找到一种方式，在经营过程中兼顾商业成功和社会目标的实现，并在二者之间取得平衡。这可能涉及资金的合理分配、谨慎的资源管理、建立有益的合作关系等。社会企业家必须在保持经济可持续性和实现社会使命的同时做出艰苦努力，以实现长期的双赢局面。同时，社会企业也可以借助创新的商业模式和策略，在追求经济利益的同时，在社会问题解决上发挥先锋作用。在组织内部，可以从以下四个方面着手准备。⊖

⊖ BATTILANA J, PACHE A C, SENGUL M, et al. The dual-purpose playbook[J]. Harvard business review, 2019, 97(2): 124-133.

第一，设定目标并监督进度。企业需要在财务和社会两个方面设定清晰的目标，并不断重新评估和调整其活动以适应这些目标。同时，企业应制定可量化且可跟踪的社会绩效指标，定期审查这些指标，以评估其持续的相关性和有效性。例如，可以聘请专门负责了解和衡量企业影响力的高管，并采用独立非政府组织所制定的外部社会指标。

第二，建立适应性组织结构。在创造经济和社会双重价值的活动中，应采用一体化的组织结构。此外，还应在传统的组织结构中增加暴露和解决紧张关系的机制，促使员工积极讨论如何在经济和社会价值之间权衡，并加快解决问题的速度。

第三，招聘和培养有社会意识的员工。追求双重目标的企业，如果其员工能充分理解企业使命和社会使命，则企业往往能够更好地取得成功。企业常常通过招聘三种类型的人才来培养有社会意识的员工：混合型、专家型和"白板型"。混合型员工适合担任管理和协调职位，而专家型员工可以为差异化的组织结构提供有用的专业知识。"白板型"员工经过系统的培训，能够成长为企业的中坚力量。

第四，实践双重思维的领导。社会企业的领导者应能够认同财务和社会两个方面的目标，并积极应对两个目标之间的冲突。战略决策应该体现双重目标。董事长和执行董事需要通过促进与具有社会及商业意识的董事会成员之间的定期互动和信息共享，有效地弥补这两个群体之间的差距，并通过不断提醒彼此的重要性来培养共识。

| 讨论案例 |

格莱珉威立雅水务（Grameen Veolia Water）成立于 2008 年，是格莱珉银行和水服务提供商威立雅（Veolia）的合资企业。该公司在孟加拉国农村地区与缺乏饮用水的当地政府建立了合作关系，并确定了在该国提供安全饮用水的业务范围。董事会为企业设定了两个目标：长期向戈马里和帕多瓦地区的农村居民提供安全且负担得起的饮用水，并通过销售维持运营而不是依赖捐款。为了有效监控业务进展，管理人员与寻求服务的农村社区成员和学术专家进行了协商，并最终确定了以下四项关键绩效指标（KPI）：公司的自筹资金比率、受服务村民数量、农村普及率和农村持续消费比率。

尽管一切似乎都计划得非常周全，但在实际运营过程中，这两个目标出现了冲突，导致无法兼顾。管理人员意识到，如果将水以极低的价格销售给贫困的农村家庭，很难实现收支平衡。这是一个两难的选择：为了满足企业日常运营的成本，水的价格不能太低，但这会让贫困居民难以负担；反之，如果水的价格太低，企业将陷入入不敷出的困境。你认为在这种情况下，企业应该如何抉择？是否需要放弃对双重目标的追求？

注：本案例来自Battilana与其合作者2019年发表在 Harvard Business Review 上，题为"The dual-purpose playbook"的文章。

在上述讨论案例中，格莱珉威立雅水务面对这一局面，在坚持围绕目标的前提下调整其活动。他们设计了一种新的创收活动：把瓶装水卖给附近城市地区的学校和企业。此时，把注意力和资源集中在有利可图的新细分市场上，而不是牺牲原来的细分市场。企业也明确了自身的定位：城市销售是为了补贴乡村销售。通过明确的目标调整活动后，最终城市销售收入达到公司收入的一半，乡村供水计划也得以顺利进行，帮助格莱珉威立雅水务成功实现其社会目标。

课后思考题

1. 平台企业是社会企业吗？国有企业是社会企业吗？为什么？
2. 社会创新转化和扩散的关键点在哪里？有哪些策略可以促使其推进？
3. 社会企业该如何平衡社会目标和经济目标？

第 8 章　数字伦理挑战

- **教学目标**

  1. 数字化与人工智能的伦理问题
  2. 问题产生的原因
  3. 数字化和人工智能伦理问题的解决办法
  4. 平台企业社会责任

　　技术发展日新月异，人类生活方式正在快速转变，给人类历史带来了一系列不可思议的奇点。我们曾经熟悉的一切，都开始变得陌生。

——约翰·冯·诺依曼

- **引导案例**

　　受到算法的影响，外卖骑手的工作时间经常被严重压榨，导致了许多交通事故的出现。他们经常处于高强度的工作状态，为了满足订单要求而不断奔波。由于骑手需要尽快将订单送达，他们可能会选择缩短途径或者选择不太合适的道路，甚至违反交通规则，以节省时间。这种行为不仅危及自身安全，还给他人造成了隐患，增加了交通事故的风险。此外，外卖骑手与外送平台没有正式的劳动雇佣关系。他们通常是作为自由职业者从事外卖配送工作的，与平台只签署了服务协议。这使得他们无法享受传统雇员的福利与保障，如工资保障、社会保险和健康权益等。

这些不仅给骑手带来了经济上的不稳定性，还让他们容易陷入超时劳动和长时间连续工作的境地，对他们的身体健康、家庭生活和个人发展都造成了负面影响。这些现象引发了一场关于人工智能、平台企业与伦理之间的讨论。尽管人工智能技术可以提高外卖配送的效率和用户体验，但其背后的算法存在固有缺陷，往往偏向于追求利润和效率最大化，忽视对骑手的合理保护和对工作条件的考量。

请思考：你是怎么看待这个问题的？

8.1 数字化与人工智能的伦理问题

8.1.1 概述

计算机和互联网等新科技的快速发展催生了数字经济、人工智能，并推动了工业 5.0 的发展。随着计算机和互联网技术的迅猛发展，数字经济正在成为全球经济增长的重要驱动力。数字经济的核心是数据逐渐成为生产要素，其基本意义在于通过运用信息技术，将实体经济转型为虚拟经济，从而重塑资源结构，建立全新的数字化体系。[一]它涵盖了电子商务、在线支付、云计算、大数据分析等众多领域，极大地促进了传统产业的转型升级和新兴产业的蓬勃发展。

人工智能（artificial intelligence，AI）是一门新兴的科学技术，研究与开发用于模拟、延伸和扩展人的智能的理论、方法、技术及应用系统。其目标是深入了解智能的本质，并产生一种能够以与人类智能相似的方式进行反应的智能机器。[二]它利用算法、模型和数据分析来模拟、扩展和延伸人类智能，实现了自动化和智能化的任务处理。机器学习、图

[一] 李海舰，李燕.对经济新形态的认识：微观经济的视角[J].中国工业经济，2020（12）：159-177.
[二] 吴汉东.人工智能时代的制度安排与法律规制[J].法律科学（西北政法大学学报），2017，35（5）：128-136.

像识别、语音识别以及自然语言处理等人工智能的应用，为社会带来了许多便利和创新。

工业 5.0 摆脱了工业 4.0 过分注重生产效率和数字化的局限，它强调人工智能和机器与人类工作的协同合作，旨在创造一种新型的工业模式。工业 5.0 强调工业对社会的作用和贡献，同时也充分尊重生态的边界。它将工人的福祉置于生产过程的核心地位，并利用新技术实现除了就业和增长之外的更广泛的社会目标，以稳健的方式推动繁荣。[一]

然而，数字化、人工智能、工业 5.0 等的发展与应用依然给人类社会和经济发展带来了一系列伦理挑战，包括但不限于以下几个方面。

- 数字鸿沟：在数字化过程中，一些社区和个人可能无法跟上快速发展的技术变革，导致数字鸿沟的出现。这可能导致一些人被边缘化，失去就业机会，从而引发社会不平等问题。
- 隐私与数据安全：大数据平台会收集大量的数据，而人工智能也需要大量的数据进行训练和学习，但数据的收集和使用可能涉及个人隐私与数据安全问题。
- 虚假新闻：生成式人工智能使得传播虚假新闻、虚假信息的成本很低，它们随处可见，难辨真假。
- 短视频"上瘾"：短视频容易让人"上瘾"，大量观看可能会浪费时间，可能使人在学习和工作中难以集中精力。
- 自主决策与责任：具备自主学习和决策能力的人工智能系统，可能会面临责任问题，尤其是在决策出现错误或造成不良后果时。
- 偏见和不公平：人工智能系统的训练数据可能存在偏见，导致算法的不公平性，例如用于招聘、贷款等决策，以及"大数据杀熟"现象。这可能引发社会公平和歧视问题。
- 就业和社会影响：数字化以及人工智能的广泛应用可能导致部分

[一] BREQUE M, DE N L, PETRIDIS A. European Commission General for Research and Innovation[J]. Industry 5.0: towards a sustainable, human-centric and resilient European industry, 2021(2): 5-10.

就业岗位的消失，引发社会经济不平等问题。同时，人工智能的崛起也会对社会结构、价值观和职业道德等方面产生重大影响。
- 伦理决策：在人工智能系统需要做出伦理决策的情况下，如自动驾驶车辆在紧急情况下应该如何选择，此时人工智能系统需要平衡不同的道德价值观。

随着数字化和人工智能的发展与应用，我们需要积极探索和解决这些伦理问题，确保其合理、公正和可持续发展。

8.1.2 工作被机器或人工智能代替问题

与人相比，数字技术和机器人在力量、精细化、稳定性、无惧恶劣环境、快速便捷地获取和分析数据等方面存在优势。因此，尽管企业数字化和工业 5.0 会创造新的就业机会，但它们的发展不可避免地使一些传统岗位减少或消失。自动化和智能化技术的应用可能导致某些重复性和低技能的工作逐渐被机器代替。一些人难以适应新的数字技术和工业技术，也会被淘汰。

然而，工业 5.0 的目标不是取代人力劳动，而是让人和机器进行合作，提高工作效率和质量。各国在制定应对新科技革命和产业变革的战略与政策时，不约而同地突出"人"的核心价值。它们都强调技术进步和产业升级的目标是使人的生活更美好，以及技术的使用需要尊重人的动作习惯、满足人的发展需求、降低人的脑力及体力支出。例如，欧盟"地平线计划"（2020 年版）特别重视利用新技术改善人的发展环境，创建具有创造力和文化包容性的社会，强调工业要提供更加人性化的工作岗位。无独有偶，日本文部科学省发布的《2020 科学技术白皮书》也提出 2040 年可以实现的 37 项新技术，其中多项是与人在新科技环境下的发展、人机交互、人机融合相关联的，包括增强虚拟现实的农业机器人，实时翻译所有语言系统、语言表达回话装置，记录和分享个人感觉的装置，学习工匠技巧的人工智能系统，等等。

随着新技术的发展，新的职位和行业会不断涌现，意味着人们需要具备更高级的技能和知识。因此，我们应该将重点放在培养和提升人们的技能，以适应数字化和工业 5.0 时代的需求。政府和企业也应该采取相应的政策与措施，包括职业转换培训和就业援助，以确保员工在经济结构转型中能够平稳过渡并受益。

8.1.3　互联网平台的剥削问题

互联网平台的出现使得用工需求方和供给方得以迅速匹配，二者之间建立了短期灵活的劳动契约，这些促进了零工经济的发展。不同于过去以临时工、合同工为代表的"旧"零工经济模式，互联网时代的零工经济主要是基于网络技术的以众包和按需服务工作模式为代表的经济模式，是一种通过在线平台或应用，以零工、自由职业者或短期合同工的形式进行工作和交易的经济模式。[一]这种模式让个人可以根据需求选择工作和项目，与传统的全职雇佣关系相比更加灵活，个人从在职员工转向在线员工，从一人一职转向一人多职，从个体成为微观经济主体。[二]在零工经济中，在线平台或应用不仅能够连接需求方和供给方，还往往提供交易和支付的便利。涉及的行业和领域广泛，包括送餐员、网约车司机、设计师、程序员等。

然而，零工、自由职业者和短期合同工也面临着被互联网平台剥削的问题。以外卖员为例，近年来，外卖行业的快速发展使得外卖平台成为生活中不可或缺的一部分。然而，外卖员的劳动条件和待遇备受争议。美团作为国内最大的外卖平台之一，其算法被指控剥削外卖员。据社交媒体曝光和外卖员反馈，美团的算法倾向于追求订单的迅速完成，通过高额奖励和较低的保底费鼓励外卖员尽快完成配送任务。[三]然而，这给外卖员带来了许多问题。

[一] 谢富胜，吴越. 零工经济是一种劳资双赢的新型用工关系吗 [J]. 经济学家，2019（6）：5-14.
[二] 李海舰，李燕. 对经济新形态的认识：微观经济的视角 [J]. 中国工业经济，2020（12）：159-177.
[三] https://www.thepaper.cn/newsDetail_forward_12559497。

首先，美团的算法使外卖员处于激烈的竞争环境中。为了争取更多的订单和奖励，外卖员不得不超负荷工作。他们需要在有限的时间内完成尽可能多的订单，并且还要应对交通拥堵等不可预测的情况。这种高强度的工作负荷给外卖员的身心健康造成了巨大压力。其次，美团的算法可能导致外卖员的收入不稳定，订单数量和奖励机制的波动也使得外卖员的收入经常无法预测。有时可能收入很高，但有时收入可能几乎为零，这使外卖员的生计难以预测，增加了经济风险。最后，美团算法还存在排名算法和投诉处理等问题，这些问题也会使外卖员无法公平获取更多的订单和分享利益。

想要解决这些问题不能简单归咎于美团一家企业，而需要思考整个外卖行业的运作模式。如何平衡平台利益与外卖员权益需要社会各界的共同努力。美团应该关注外卖员的工作条件和待遇，并改善算法和奖励机制，确保外卖员能在合理工作时间内获得稳定收入，同时得到休息和照顾家庭的机会。平台应公平公正地处理投诉和纠纷，政府也应加强对零工经济行业的监管，确立明确的法律法规，保障外卖员的劳动权益，规范平台运营。同时，建立良好的对话平台，确保外卖员和客户的声音都得到有效的关注和回应，更好地推动零工经济的可持续发展。

外卖员、滴滴司机等零工人员是当前社会不可或缺的重要劳动力群体，因此平台应该充分尊重和保护他们的权益。唯有社会各界共同努力，才能改善他们的工作条件，为他们创造公正、稳定和可持续的劳动环境。

8.1.4 数据泄密问题

在数字化时代，数据变得越发重要。数据是由无数个体的资料汇聚而成的，其中许多涉及个人隐私。这些个体隐私本不该被泄露。然而，在互联网时代，个人隐私变得异常脆弱。例如，剑桥分析丑闻是近年来备受关注的数据泄露事件之一。这起丑闻曝光了 Facebook 在用户数据保护方面的严重失职。8 700 万用户的个人信息被泄露给剑桥政治咨询公司，这引发了全球范围内的公愤和对隐私保护的广泛担忧。

美国联邦贸易委员会对此事展开了调查，发现 Facebook 未能履行其保护用户隐私的承诺，严重违反了平台的数据使用规定。这导致了对 Facebook 的舆论压力的增加。最终，美国联邦法院在 2020 年 4 月批准了 Facebook 与美国联邦贸易委员会达成的 50 亿美元和解协议。该事件引发了人们对社交媒体和科技公司在个人数据使用与隐私保护方面的讨论，人们开始反思和审视社交媒体平台该如何处理和保护用户数据，以及如何更好地平衡商业利益和个人隐私之间的关系。

随着人工智能的普遍应用，不仅是个人隐私，商业机密也有可能泄露。ChatGPT 使用者的提问会被收集并用于训练模型，如果输入的内容涉及企业机密，则可能会导致泄露。三星公司一直禁止内部使用 ChatGPT，但 2023 年 3 月 11 日，它允许了其 DS（半导体业务的设备解决方案）部门使用 ChatGPT。DS 部门认为员工需要了解当代技术变化，因此，仅仅允许使用 ChatGPT，并提醒员工注意信息安全。然而，不到 20 天就发生了内部信息泄露事故。事故包括设备信息和会议内容泄露。事故发生之后，三星公司采取紧急措施，限制员工提出的每个问题的上传容量最大为 1 024B，并计划调查事故，对涉事员工采取必要的惩戒措施。为防止信息泄露，浦项制铁等公司试图引导员工在内部网使用 ChatGPT，以提高安全性和工作效率。市场调查公司 Gartner 基于 62 名企业 HR 的调查显示，48% 的企业正在制定与 AI 机器人对话的使用指南。全球第二大存储芯片巨头——韩国 SK 海力士也规定，除必要时刻外，禁止员工通过公司内部网使用 ChatGPT。

剑桥政治咨询公司丑闻以及三星公司数据泄密事件对全球范围内的数据隐私保护和监管体系产生了重大影响，激起了人们对个人数据和商业数据安全的重视，以及对互联网企业和人工智能的合规性的担忧。

8.1.5 人工智能的偏见问题

数据专家 Cathy O'Neil 通过大量事例证明，由人工智能算法得出的判断可能是错误的。[一]她引述了《纽约时报》曾报道过的对一位教师考核评价的例子，在纽约考核评价教师的算法机制中，除了学生的学业表现，还要综合考虑 20～30 种其他变量。最后这个算法的结果让这所学校最优秀的教师得到了最差的评价等级。不仅是在考核评价领域，来自媒体调查机构 Propublica 的一份数据也显示，算法歧视体现在各个领域，包括预判犯罪、评估汽车保险费用等。因为这些用来训练算法的数据在以往的招聘中就一直存在偏见，所以用它所得出的算法就不可能客观。而且这种算法并不透明，被歧视者甚至不知道歧视的存在，也无从申诉。因此，O'Neil 得出结论，算法并没有让事情变得更加公平，算法只不过是让现实里存在的偏见变得自动化了。

企业借助人工智能技术扩大招聘网络、减少对招聘人员主观意见的依赖是一个很常见的趋势。然而，人工智能筛选简历却存在偏见。最为典型的例子是 2018 年底，亚马逊因发现其招聘系统在评定软件开发和技术职位申请人时存在性别偏见，从而停止使用该系统。[二]研究团队创建了 500 个专注于特定职能和职位的计算机模型，这些模型使用过去候选人简历中的关键词来进行识别。于是，亚马逊的系统得出了男性候选人更受欢迎的结论，对包含"女性"等词语的简历进行了忽略，甚至降低了两所女子大学毕业生的评级。亚马逊曾试图更新程序以保持中立，但它不能确保机器不会以其他方式对具有潜在歧视的候选人进行分类。除了性别偏见外，支持模型判断的数据本身也存在问题，导致不合格的候选人常被推荐到各种工作岗位。因此，亚马逊后来解散了这个团队，高管们也对该项目失去信心。

由于人工智能算法不透明，在不知道算法输入如何加权的情况下，

[一] https://www.youtube.com/watch?v=_2u_eHHzRto。
[二] https://www.thepaper.cn/newsDetail_forward_2528432。

我们只能从输出中推断人工智能系统是否表达了种族偏见及其产生的原因。例如，人们发现，美国刑事司法系统广泛使用的 COMPAS 算法在评估再犯率的过程中，一贯给予非洲裔美国人被告比白人被告更长的监禁期。[⊖]因此，解决人工智能偏见的首要措施或许是促进算法的透明化。

8.1.6 互联网平台的垄断

2020—2021 年，美团和饿了么两家的"二选一"垄断行为备受争议，即要求商家必须在美团和饿了么之间选择一家平台进行外卖餐饮交易，不可都选。两家企业因此被多次处罚，其中，2021 年 10 月 8 日，市场监管总局依法对美团做出行政处罚决定，责令美团停止违法行为，全额退还独家合作保证金 12.89 亿元，并处以 34.42 亿元的罚款。同时要求美团完善平台佣金收费机制和算法规则，维护中小餐饮商家合法利益。天价罚款引起了人们对互联网企业不正当竞争的关注。

除了"二选一"的垄断行为，深度补贴行为也是互联网企业常用的竞争策略之一。为了吸引更多的用户和商家，像美团和饿了么这样的大企业常常采取大幅度的优惠和补贴政策来推动订单的增长。通过给予用户高额返利或商家巨额补贴来降低消费者和商家的使用成本，这些企业能够迅速扩大市场份额，占据更多的用户和商家资源。然而，深度补贴策略的滥用可能导致市场竞争的扭曲，并给其他竞争对手造成发展困境。为了与这些补贴政策相抗衡，其他企业需要投入大量的资金来与之竞争，这对于新兴企业和小型企业来说是一项巨大的负担。由于缺乏足够的资金支持，这些企业很难在价格和服务方面与采用深度补贴策略的大型企业竞争，最终导致市场垄断的形成以及人们缺乏多元化选择。此外，一旦这些企业获得了垄断地位，它们可能会减少深度补贴政策，从而削弱用户和商家的选择权利。

互联网平台基于其对数据所属权的垄断而滋生霸权，也就是说少数

⊖ https://www.propublica.org/article/machine-bias-risk-assessments-in-criminal-sentencing.

几家大型互联网平台垄断了特定领域的市场，通过控制市场和用户数据，对其他企业和个人施加不利影响，使其难以竞争。垄断和霸权不仅会破坏市场规则，而且最终会使得中小商家和消费者遭殃。作为两大平台的主要合作对象，中小商家可能因为不正当竞争而受到损害。例如，在"二选一"的垄断行为下，商家可能被迫与某一个平台进行独家合作，限制了其与其他平台的合作机会，也限制了商业自由度。与此同时，不正当竞争可能导致消费者选择权的缩小和价格的不透明。在深度补贴的情况下，消费者可能会面临不合理的定价，以及可能带来的服务质量问题。

8.2 问题产生的原因

8.2.1 数据产权的模糊性

罗纳德·科斯等经济学家提出的产权理论[○]注重于研究所有权对资源配置和经济活动的影响。根据该理论，私有企业的产权人享有占有剩余利润的权利，这为他们提供了强大的激励来不断提高企业的效益。因此，没有明确定义和保护产权的社会将导致低效和资源配置的无效。核心观点是，制度安排是一切经济交往的前提，而制度本质上代表了人们行使特定行为权利的方式。因此，经济分析的首要任务是界定产权，明确规定当事人的行动范围，通过权利的交易实现社会总产出的最大化。为了保证经济的高效率，产权需要具备明确性、稳定性、专用性、可转让性和可分割性等特征。产权的明确性是指产权的归属和范围需要明确清晰，使各利益相关方了解其权利和义务。稳定的产权制度能够建立信任和信心，鼓励投资和创新。专用性产权能够激发资源的最大利用，因为产权人能够从资源的使用中获得独占的经济利益。可转让性和可分割性有助于资源的流动和优化配置。需要注意的是，虽然由于不同国家社

○ COASE R. The nature of the firm[J]. Economica, 1937, 4: 386-440.

会和文化背景的差异，产权理论并非适用于所有情况，但产权理论对于理解资源配置、创新和经济发展的重要性提供了帮助。

然而，数据产权具有模糊性，也就是说当涉及数据的所有权和使用权时，存在许多法律和伦理上的挑战，这导致了对数据产权的界定变得模糊不清。首先，在多个参与方的数据贡献和共享中，数据产权变得模糊。例如，对于社交媒体平台上的用户数据，用户创造了信息、照片和视频，但平台可能要求用户同意将这些数据授权给平台使用。在这种情况下，数据的产权归属变得复杂，需要进行协商和合同约定。其次，数据的特殊性增加了产权模糊性问题。与有形资产相比，数据是虚拟且无形的，可以无限复制和传播。这使得对数据的控制和保护变得更加困难。例如，电子商务平台的交易数据可能由平台所有或与商家共享，但用户对个人信息仍有权益。云计算也涉及数据产权模糊性，数据存储在多家云服务提供商的服务器上，合同条款常常缺乏明确规定。当出现数据泄露或数据被不当使用时，数据产权归属和责任追究变得复杂。此外，现代科技发展也引发了新的数据产权挑战。大数据分析等领域需要访问和分析大量数据集，其中包含多个来源的数据。数据产权归属以及对数据使用权和分析结果的权益分享需要明确规定与协商。缺乏明确的数据产权界定和合理的权责规范，可能导致数据滥用、不当使用以及责任追究的问题。

8.2.2　数字化双刃剑：是降低还是增强了信息不对称

信息不对称（asymmetric information）是指信息在相互对应的经济个体之间呈不均匀、不对称的分布状态，即有些人对关于某些事情的信息比另外一些人掌握得多一些。[⊖]信息不对称的产生既有主观方面的原因，也有客观方面的原因。主观方面由于不同的经济个体获得的信息不

⊖ BERGH D D, KETCHEN JR D J, ORLANDI I, et al. Information asymmetry in management research: past accomplishments and future opportunities[J]. Journal of management, 2019, 45(1): 122-158.

同所致，而不同信息的获取又与他们各自获取信息的能力有关，即信息不对称产生的主观原因是不同的经济个体获取信息能力的不对称性。客观方面，经济个体获取信息的多少与多种社会因素有关，其中社会劳动分工和专业化是最为重要的社会因素。随着社会劳动分工的发展和专业化程度的提高，行业专业人员与非专业人员之间的信息差别越来越大，社会成员之间的信息分布将越来越不对称。因此，信息不对称是客观存在的。

数字化使得某些信息获取更容易。在传统的信息传递和收集方式中，存在着信息不对称的问题。某些信息由于不易获取或受到限制，导致信息的掌握和传递不均衡，进而影响决策的准确性和可靠性。然而，数字化的发展打破了这种限制。通过数字技术的应用，信息能够更加广泛地传播和共享，使更多的人能够获取到同一份信息，从而避免信息的不对称。数字化还带来了更加透明的信息环境。通过互联网、电子数据库等技术手段，信息可以迅速被发布和共享，这使信息的流通更加快捷和透明。人们可以通过各种渠道获取相同的信息，相互之间可以进行信息对比和交流，从而提高了信息的准确性和全面性。这些透明的信息也可以让决策者更好地了解和掌握情况，做出更加明智的决策。

数字化可能带来信息过多或冗余。例如，在市场交易中，人们需要对商品的价格、质量、功能等进行评估。然而，商品信息是无限的，其中大部分与实际判断无关。比如，如果你想去购买一台电视，你主要关注的应该是品牌、型号、屏幕尺寸等与使用相关的信息，而不是生产过程或供应链等与你使用无关的信息。同样地，在银行信贷风控中，大数据、云计算和人工智能技术的广泛应用会收集大量有关借款人的信息，包括个人信用记录、资产状况、借款用途等。然而，由于指标体系中不同权重的设立，这种模型可能会遮蔽掉某些潜在风险。

追求信息对称的目的在于实现准确的判断和决策。然而，信息量过大或存在冗余可能会导致信息对称的破坏，使我们难以获取最关键、最有价值的信息。当信息过多时,我们很容易陷入信息过载的困境。大量琐碎的信息可能淹没了真正重要的内容,让我们无法快速而准确地获取到需要的信息。这种情况下,信息对称反而变得更难,我们可能会迷失在海量的信息中,并无法做出明智的决策。此外,冗余信息也可能扰乱信息对称。当重复、相似或过时的信息被反复传递或存储时,原本清晰的信息流动可能变得混乱,这会干扰人们对关键信息的判断和分析。这种冗余信息并没有提供新的洞察力,反而浪费了宝贵的资源和时间。

数字资源的差异和技术的复杂性可能导致更多信息不对称。虽然数字化提供了许多机会将信息公开和共享,但实际上并非所有人都能够轻松获得并利用这些资源。各个地区、组织和个人之间的数字资源分布可能存在差异,其中一些人可能无法获得特定的数字资源,因而无法与他人共享同样的信息。一些个人、企业、机构等可能具有更先进的技术、更丰富的数据资源和更强大的算法能力,从而拥有更多的信息储备和决策能力。这种差异性可能导致信息在不同群体之间存在不平衡的分布,进而导致了信息不对称现象的出现。

此外,信息对称并不仅仅意味着信息的公开和透明,更重要的是评判和理解这些信息的能力。[一]即使大量信息公开在我们面前,信息对称也不一定能实现。信息对称意味着信息收集者与评判者在知识和能力方面具有同等水平。因此,除了需要足够的信息外,我们还需要具备相应的评判能力。这种能力在确定需要收集何种信息、如何收集信息、如何识别和使用所收集信息时得以体现。

而数字技术的复杂性和算法的"黑匣子"更是使得一般人难以理解和评判相关信息,这反而造成了混乱局面。尽管信息在表面上是透明的,但实际上被隐藏的技术细节和加密算法使人们难以准确理解与评估信息,导致了人们的困扰和对信息理解的不确定性。这种信息的不对称

㈠ https://idf.pku.edu.cn/gd/518480.html。

使得部分群体或个体在市场竞争、社会参与以及政治决策等方面处于劣势位置。

数字技术的广泛应用和数据产权的模糊性给数字化与人工智能领域带来了许多伦理挑战。其中,权责不清晰和信息不对称是两个主要原因。数字化和人工智能的发展势不可挡,应对所涉及的伦理挑战已迫在眉睫。

| 拓展阅读 |

研究表明,短视频平台的企业社会责任存在三层结构:底线责任、合理责任和贡献责任。这是因为,平台型企业既是独立运营主体,又是商业运作平台,还是社会资源的配置者,因而要承担必尽之责(底线)、应尽之责(合理)和愿尽之责(贡献)。

(1)底线责任。即短视频平台在管辖范围和能力范围内,必须对双边用户行为进行规制,确保平台内容合法合规、符合公序良俗的责任。短视频平台作为平台型媒体,代表新型的媒体传播形式,核心功能是提供新闻、娱乐、知识等信息资源,使公众拥有展现自我、表达观点的机会。因此,建立一个积极、美好、绿色、健康的内容生态环境,是短视频平台的底线责任。

(2)合理责任。即短视频平台利用自身优势和影响力,在履行底线责任的基础上,尽可能满足社会合理期望的责任。短视频平台拥有海量用户和流量整合变现能力,有效利用这些资源优势,将产生巨大的社会价值。与传统行业、零售业深度融合,赋能实体经济,带动农业、旅游业、餐饮业等快速发展,是短视频平台义不容辞的责任。短视频平台的媒体身份,要求它同时兼顾媒体责任,在引导舆论、宣传社会主义核心价值观上贡献力量。

(3)贡献责任。即短视频平台在确保平台有序运行和符合社会期望的基础上,定位更高层次的社会功能,将平台打造成解决社会难题的履责平台,从而创造更大社会价值的责任。公益服务是平台发挥社会功能的有力途径,如举办公益培训、参加环保活动、关爱弱势群体等。当今社会，传统文化可能会被忽视和遗忘，短视频平台可以通过直播、视频等形式打破文化传播障碍，使民间艺术、博物馆文化等得以传播，有利于培养民族自信，弘扬中国文化。

注：来自王仙雅和吴珍于2023年发表在《软科学》上，题为《短视频平台的企业社会责任及其动态履责路径——基于快手和抖音的双案例研究》的文章。

8.3 数字化和人工智能伦理问题的解决办法

8.3.1 现有解决方案及其缺陷

大多数关于数字化和人工智能伦理问题的解决方案都遵循有缺陷的公式，包括将其与"公平"联系起来，试图纠正"偏见"语言，并寻找解决方法。这种方法从一开始就错了，因为它只关注公平问题中的偏见问题，忽略了其他伦理风险。同时，它还依赖偏差缓解策略和技术工具，但这些技术工具本身就具有缺陷，最终会导致道德风险缓解失败。例如，谷歌公司图像识别算法曾经错误地将非洲裔美国人照片标记为"大猩猩"，这引起了争议。为了解决这个问题，谷歌公司禁止使用"大猩猩"标签。但这种处理方式导致了在谷歌网站上，即使是灵长类动物本身的图片，也没有被标识为"大猩猩"或"猴子"。

那么，数字化和人工智能带来的伦理问题能够通过自由市场解决吗？Cathy O'Neil认为，自由市场无法解决任何问题，因为人们对利益的追逐驱使算法变得不公正。因此，应该让算法数据也能得到审计，审计内容包括检测数据的公正性（分析用于构建算法的数据是否含有偏见）、对于结果成功进行界定（确保算法支持的是一个不带任何偏见色彩的目标）、检查整体的准确度、控制算法的长期影响等。

Chief Executives for Corporate Purpose（CECP）是由全球领先企业的200位CEO组成的团体，他们关注训练数据中偏见的影响。2018年，他们发表了一份题为"AI For Good: What CSR Professionals Should

Know"的报告，主张企业社会责任（CSR）团队应收集有关目标人群的社会影响数据，以抵消 AI 系统可能表达的偏见。[①]然而，仅仅依靠非营利团体的关注和企业自觉是远远不够的。正如 Salesforce 首席执行官 Marc Benioff 和 Cathy O'Neil 所讲的，人工智能算法的伦理问题需要国家相应法律法规的干预。

8.3.2 相关法律法规的推行

2023 年 6 月，欧盟《人工智能法案》（*Artificial Intelligence Act*）朝着成为法律的方向迈出了重要的一步：欧洲议会投票通过了该法案，其中禁止了实时面部识别，并对生成式人工智能工具提出了新的透明度要求。《人工智能法案》已于 2024 年 8 月正式生效。该法案规定了任何应用于就业、边境管制和教育等领域的人工智能都必须遵守一系列安全要求，包括风险评估、确保透明度和提交日志记录。该法案为全世界相关法律的制定提供了一个蓝图。

其他国家也在人工智能立法方面进行积极探索。2022 年 2 月，美国众议院颁布了《2022 年算法问责法案》（*Algorithmic Accountability Act of 2022*），要求使用自动化决策系统做出关键决策的企业研究并报告这些系统对消费者的影响，其内容包括是否会因为消费者的种族、性别、年龄等生成对消费者有偏见或歧视性的自动决策等。该法案形成了"评估报告-评估简报-公开信息"三层信息披露机制。2023 年 1 月，美国国家标准与技术研究所（NIST）发布了一套《人工智能风险管理框架 1.0》，以促进可信赖、负责任的人工智能系统的开发和应用。

新加坡在 2019 年就推出了亚洲第一个人工智能监管模式框架 Veritas。2022 年 5 月，新加坡政府还首次发布了官方人工智能治理评估框架和工具包 A.I.Verify，这是由资讯通信媒体发展局（IMDA）和个人数据保护委员会（PDPC）一起开发的。他们着重关注透明度，努力弄清

---

① NKONDE M. Is AI bias a corporate social responsibility issue[J]. Harvard business review, 2019, 41-3.

人工智能模型是如何做决策的，从而确保系统的安全性和弹性，以及公平性等，总之就是要对人工智能系统进行正确的管理和监督。他们提出了五个支柱和八项原则，包括透明性、可解释性、可复现性、安全性、鲁棒性、公平性、可问责性以及人类能动性与监管。该工具包可自愿申请使用。

我国在人工智能治理方面也毫不含糊，致力于构建全方位的治理体系，加强对人工智能重点应用场景的风险控制，还建立了三级管理体系，以明确职责。2021年9月，国家互联网信息办公室等九部委制定下发了《关于加强互联网信息服务算法综合治理的指导意见》。2022年3月，中共中央办公厅、国务院办公厅印发了《关于加强科技伦理治理的意见》。这些文件的出台标志着我国在人工智能治理领域进行了很多具有创新意义的探索和实践。与此同时，在算法应用领域，国家互联网信息办公室同有关部委陆续审议通过了《互联网信息服务算法推荐管理规定》《互联网信息服务深度合成管理规定》和《生成式人工智能服务管理暂行办法》等规范性文件。

尽管上述意见和规定对我们的人工智能偏见问题提供了有益的干预措施，但法律法规往往是最后一步的控制，还需要制造和使用人工智能的相关企业率先走出这一步。[⊖]一些企业可能看到这里的机会，即使用公平准确的人工智能来建立自己的声誉并获得先机的机会。这些企业可以聘用关键的公共利益技术专家团队，由计算机科学家、社会学家、人类学家、法学学者和活动家组成，制定并开发更加公平准确的训练数据的策略。这些团队负责开展研究，可为企业社会责任团队提供建议，指导他们如何与致力于减少种族主义、性别歧视、残障歧视等问题的团体进行战略性投资。这将减少这些偏见被编码到机器学习中的可能性，从而产生更加公平准确的人工智能系统。

⊖ NKONDE M. Is AI bias a corporate social responsibility issue[J]. Harvard business review, 2019, 45-11.

8.3.3 人工智能伦理委员会[一]

企业也可以成立类似于医院的伦理委员会,即人工智能伦理委员会。它可以是企业内的一个新实体,也可以是企业指派的现有机构。人工智能伦理委员会的职能很简单:系统全面地识别并帮助减轻内部开发或第三方供应商购买的人工智能产品的伦理风险。当产品和采购团队提出一个人工智能解决方案的提案时,人工智能伦理委员会必须确保该解决方案没有严重的伦理风险,并对其提出改进建议,建议一旦被采纳,将进行第二次审查;或者提出不开发或不采购该解决方案的建议。

人工智能伦理委员会成员可以包括伦理专家、律师、商业战略家、技术专家、专题方面的专家、偏见调查员等。他们应分别从伦理、法律、人工智能技术、专题等方面进行专业把控,如表8-1所示。此外,人工智能伦理委员会还需要专职的偏见调查员,在人工智能开发的全过程,尤其是早期,进行偏见问题的审查和调查。

表8-1 人工智能伦理委员会成员

人工智能伦理委员会成员	理由
伦理专家	他们有发现和理解大量伦理风险所需的知识及经验,熟悉有助于进行伦理审议的概念和区别,并擅长帮助团体客观地评估伦理问题
律师	因为技术工具不足以解决偏见的问题,所以法律上允许的问题往往成为一个重要的考虑因素
商业战略家	人工智能的预期财务回报和商业风险因使用而异,道德风险的规模和种类也各不相同。因此,需要做出相应的战略决策,决定采取何种策略,何时采取,谁来执行,等等
技术专家	技术专家能帮助其他人理解人工智能模型的技术基础,判断各种策略的可行性及其成功的可能性
专题方面的专家	人工智能伦理委员会还需要专题方面的专家,例如,如果你的人工智能系统将被部署在印度,就需要一个研究印度社会的专家参与它的开发
偏见调查员	如果一个问题不能通过较小的调整来解决,就必须重新开始,如果问题是在早期被发现的,损失要小得多。因此,人工智能伦理委员会中需要有专职的人对偏见进行调查

[一] BLACKMAN R. Why you need an AI ethics committee? Expert oversight will help you safeguard your data and your brand[J]. Harvard business review, 2022, 100(7-8): 118-125.

企业需要考虑的一个重要问题是人工智能伦理委员会有多大的权限。如果只是建议性的咨询，而非强制性的要求，那么只有企业团队中的一小部分人会来咨询，而咨询的人中只有一部分人会采纳委员会的建议。如果企业的价值观将道德置于较高的地位，那么就应该赋予人工智能伦理委员会否决提案的权力。这将确保委员会具有实实在在的影响力。此外，企业还可以通过定期对遵循人工智能伦理的员工进行表扬来加强委员会的工作，包括非正式的认可（例如会议上对他们的赞扬）和正式的认可（比如晋升），以表彰他们对人工智能伦理标准的真诚遵守。

当一个人工智能伦理委员会被赋予真实的权力时，它可以与企业的员工、客户、消费者以及其他利益相关者（如政府）建立信任关系，尤其是如果组织在人工智能伦理委员会的运作方面的透明度很高，但不透露具体决策的情况下。对于不愿授权给内部人工智能伦理委员会真实权力，但又严肃对待人工智能伦理风险的企业，我们仍然可以找到一个折中的方案。企业可以允许一位高管来推翻委员会的决策，这样企业可以承担他们认为是值得的伦理风险。

8.4 平台企业社会责任

8.4.1 平台企业的多重属性[一]

平台企业具有多重属性，既有经济属性，又有社会属性；既有私人属性，又有公共属性；既是商业生态系统，又是社会生态系统。

经济属性与社会属性。互联网平台企业既是营利性企业，也是平台生态圈的领导者，具有经济属性和社会属性。因此，和一般企业一样，平台企业既需要遵循市场逻辑，追求利润最大化，以创造经济价值为主导目标，又需要根据权责对称原则，承担相应的社会责任。

[一] 肖红军，阳镇. 平台企业社会责任：逻辑起点与实践范式 [J]. 经济管理，2020, 42(4): 37-53.

私人属性与公共属性。 平台企业是独立运营的个体私有组织,与一般私有企业类似,它们追求获取竞争优势和创造经济价值。与传统企业不同的是,平台企业的可持续竞争能力依赖于数字化技术创新和平台用户资源。平台企业对支撑其运营的股东、员工、政府和社区等利益相关方承担类似于传统企业的责任,包括经济责任、法律责任、道德伦理责任等。

平台企业依赖于平台公共场域实现双边用户间的资源链接与共享,不仅扮演经济角色,也具有社会公共性。平台企业以开放透明、安全高效和资源共享为目标构建公平交易市场,对进入平台场域的社会主体行为进行管理和治理。平台企业具备解决信息不对称和市场失灵问题的能力,类似于一个具有公共信息优势的"类政府"主体。通过制定适用于平台公共规则和交易制度的"类法律制度",平台企业承担起平台公共场域的公共治理责任。

平台的双重属性使得平台企业成为私人属性与公共属性的耦合体,其社会责任也相应地包括作为独立生产服务组织的社会责任和作为平台场域公共治理者的责任。作为独立生产服务组织,平台企业提供安全、可靠、高效的平台服务,确保了经济价值创造符合法律底线和社会期望。作为平台场域公共治理者,平台企业管理各主体行为,维护平台场域的公共秩序。通过这两种社会嵌入路径,平台企业履行其社会责任。

商业生态系统与社会生态系统。 平台企业是商业生态系统和社会生态系统的耦合。作为商业生态系统,扮演着领导者、搭建者、协调者等多重角色。为了实现社会责任,平台企业需要进行有效的治理,平衡资源、优化配置,并整合社会责任知识。同时,平台企业还需促进多元参与主体的责任创新行为,解决经济、社会和环境问题。为了实现可持续发展,平台企业应创造公平、安全、高效的信任与交互环境,激发参与者形成综合和共享价值的动力,避免机会主义行为。

平台企业的系统连接着广泛分布的社会参与主体,涵盖商业和社会要素，构成了社会生态系统。在这个系统中，平台企业不仅是商业生态系统的核心成员，还具备社会构造和运转的功能。为了履行社会责任，平台企业将大规模的社会资源纳入其经营范围内，成为履责平台，推动各个社会主体共同解决社会环境问题。平台企业的社会责任治理方式也发生了变化，从独立、合作、价值链等传统模式转向平台化履责，构建广泛、网络化、生态化、可持续的社会责任共同体。这就要求平台企业整合多元社会主体的社会责任认知、互动结构和资源，激发爱心，实现社会责任在平台系统中的动态嵌入。平台企业的社会责任治理需要根据平台社会生态系统的动态演化，灵活地构建和创新适合的社会责任共同体。

在现实中，平台企业承担着个体组织、商业生态系统和社会生态系统的多重耦合角色，呈现出混合组织和混合系统的特征。因此，评价平台企业的社会责任应从传统的"单层"模式转向"三层"模式，即个体履责表现、内部责任治理和系统整体贡献。这意味着我们既要关注平台企业个体的履责表现，如是否遵守法律法规；又要关注其内部责任治理，如是否建立有效的监管机制和社会责任体系等。最重要的是要评估平台企业对整体商业生态系统和社会生态系统的贡献，如促进创新、推动可持续发展等。因此，评价平台企业的社会责任应涵盖个体、结构和社会三个层面。

8.4.2 平台企业社会责任实践的四种范式[一]

平台企业的社会责任实践范式包括"平台嵌入式""平台嫁接式""平台撬动式"和"平台新创式"，这些范式之间既存在差异又有联系。如表8-2所示，从情境来看，平台企业立足于平台生态系统内的情境，推动平台的商业运行和社会责任实施相结合。"平台嵌入式"和"平台撬动式"的区别在于，"平台嵌入式"更注重将社会责任管理要求嵌入平

[一] 肖红军，阳镇. 平台企业社会责任：逻辑起点与实践范式 [J]. 经济管理，2020, 42(4): 37-53.

台运行中,"平台撬动式"则侧重于平台企业在生态系统中的领导力,吸引和促使用户共同参与社会责任实施。

表 8-2 平台企业社会责任实践四种范式的比较

比较维度	实践范式			
	平台嵌入式	平台嫁接式	平台撬动式	平台新创式
立足的情境	平台生态系统内	平台生态系统外为主	平台生态系统内	平台生态系统外为主
战略导向	演化战略	嫁接战略	包络战略	新创战略
资源基础要求	低	中	较高	高
影响力	低	中	较高	高
实现方式	嵌入符合平台企业经济、社会与环境偏好的社会责任实践议题	租借与从外部获取的方式将外部社会履责平台整体接入	撬动平台双边用户的社会责任实践意愿、动力与资源要素	搭建全新的企业社会责任实践平台
产权关系	平台企业拥有嵌入社会责任议题实践界面的所有权	平台企业不拥有外部履责平台的所有权	平台企业不拥有社会责任实践外界面的所有权	平台企业拥有履责平台的所有权
与平台企业业务领域相关性	高度相关	相关性低	相关性弹性较大	相关性低
潜在风险	较低	偏中性	较高	高
适用的平台演化生命阶段	初创期	成长扩张期	成长扩张期	成熟稳定期

注:资料来源肖红军,阳镇.平台企业社会责任:逻辑起点与实践范式[J].经济管理,2020,42(4):37-53.

而"平台嫁接式"和"平台新创式"则更多关注平台生态系统外的情境,考虑整合更广泛的社会主体和资源来解决社会问题。"平台嫁接式"通过租借或协议实现外部履责实践平台的接入,丰富和拓展已有平台的功能,"平台新创式"则更依赖平台企业自身的用户基础和社会影响力,构建全新的面向社会的社会责任实践平台。

因此,在实际选择和应用这些社会责任实践范式时,平台企业需要综合考虑多重因素,包括社会责任战略导向、社会责任认知、平台内资源基础要求、平台企业影响力和风险承担能力等。每种范式都有特定的适用情境、特点和前置性条件,需要根据实际情况进行综合评估。

平台企业社会责任的实践范式具有动态性。处于不同生命周期的平台企业适用于不同的社会责任实践范式。在初创期，由于双边用户数量较少，网络节点较为单一，网络成员密度稀疏，平台生态系统的资源基础有限，平台企业的影响力相对较低，因此适合采用风险较低的嵌入式社会责任实践范式。随着平台的成长扩张，双边用户群体急剧增加，平台生态系统的资源基础和平台企业的影响力都显著提升，在这个阶段更适合采用嫁接式和撬动式社会责任实践范式。随着平台进入成熟稳定期，其所构建的履责生态界面内的双边成员数量、资源容量和网络节点密度均趋于稳定，履责知识、履责经验和履责机制也进入相对稳定的状态，此时更适合采用新创式社会责任实践范式。

8.4.3 平台企业社会责任实践范式的动态演化[①]

基于平台企业的属性以及平台企业履行社会责任的开放性两个维度，我们可以将平台企业社会责任实践的共生环境分为三类：独立个体属性下的组织内情境，跨边开放属性下的商业生态圈情境，以及平台个体＋平台商业生态圈嵌入的"微社会生态圈"情境，如图8-1所示。在这三种情境下，平台企业社会责任实践的共生逻辑逐渐从低阶共生发展为高阶共生，并推动着其社会责任的系统性范式跃迁。

平台企业 CSR 1.0 时期。在 CSR 1.0 时期，平台企业独立个体属性占据主导地位，平台企业与员工之间共生，主要有两个层面。首先，员工成为平台企业参与市场竞争中的价值创造者，其与平台企业之间的价值创造空间具有动态性和弹性，通过线上线下的协同产生网络效应。其次，员工成为平台企业价值创造的共享者，从市场逻辑主导的经济性价值共享转向基于双元混合逻辑的综合价值共享。

在这个阶段，平台企业社会责任基于独立个体属性，通过建立基于

[①] 阳镇，尹西明．平台企业社会责任实践：新情境、新维度与新范式[J]．清华管理评论，2020（12）：88-95．

个体责任型领导的内部社会责任管理模式，实现平台企业与员工的共生共赢。同时，平台企业回应多元利益相关方的价值诉求，促进平台个体的履责，以独立组织个体方式开展独立运营。

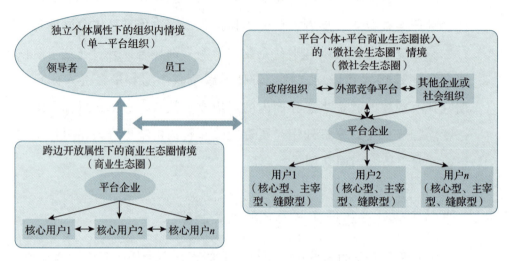

图 8-1　平台企业社会责任实践范式的动态演化

注：资料来源根据阳镇和尹西明于 2020 年发表在《清华管理评论》上题为《平台企业社会责任实践：新情境、新维度与新范式》的文章中的图修改。

平台企业 CSR 2.0 时期。平台企业 CSR 2.0 是指从单一平台组织向双边、开放的商业生态圈转变。平台企业视双边市场用户为关键利益相关方，担当公共治理角色。在商业生态圈中，平台企业领导生态位，展开负责任的商业与社会行为。

平台企业与用户的共生关系表现在两方面。第一，双边用户的社会责任与平台企业的社会责任融合，形成共同体。第二，平台企业的社会责任可灵活实践。嵌入式责任通过影响用户的认知和规范来塑造责任观念；撬动式责任充分利用平台影响力调动资源来解决公共问题；嫁接式责任依靠用户跨平台合作来解决社会问题。在这两类共生关系的基础上，平台企业中个体的责任型领导与商业生态圈相互关联，推动多元化的价值创造目标。平台企业可以与核心用户形成动态调适，避免责任缺失，促进社会责任协调，实现价值平衡。

平台企业 CSR 2.0 代表了从单一平台向商业生态圈转变的趋势。平台企业与用户的共生关系体现在社会责任共同体和弹性责任实践中，以实现价值创造目标的协调和平衡。

平台企业 CSR 3.0 时期。平台企业 CSR 3.0 是指平台企业社会责任实践从个体情境、商业生态圈转向嵌入"微社会生态圈"的新阶段。平台企业与双边市场用户（包括核心型、主宰型与缝隙型）形成商业生态圈，同时与其他互补元素（包括政府组织、外部竞争平台、其他企业或社会组织等）构成微社会系统。在这种情况下，平台企业社会责任实践不仅涉及平台内部利益相关方的价值共创、共享和互惠，而且需要考虑平台所嵌入的微社会的组织情境。平台企业充当资源获取者、整合者、分配者和共享者等角色，与多元社会生态主体实现价值共创、共享和互惠，优化社会资源配置，构建可持续发展的平台企业社会责任生态圈。

平台企业 CSR 3.0 要求平台内用户具备履责知识，熟悉治理机制，并吸引和整合各类社会主体参与社会责任实践，推动社会资源的优化配置。平台企业社会责任实践在微社会的平台化下，改变了原有商业生态圈的界面构架、规则体系、制度逻辑和网络联结方式，实现了平台企业在更高层面的社会资源优化配置功能。

课后思考题

1. 数字化和人工智能可能存在哪些伦理问题？
2. 如何预防数字化可能带来的伦理问题？
3. 平台企业的社会责任都有什么特点？

Appendix 附录

附录 I

企业制定社会责任和可持续发展战略的参考资料

1. 《SDGs（联合国可持续发展目标）企业行动指南》：https://sdgcompass.org。

2. 全球可持续发展报告倡议组织 GRL 标准：https://www.globalreporting.org/standards/。

3. 我国的《碳达峰碳中和标准体系建设指南》：https://www.gov.cn/zhengce/zhengceku/2023-04/22/content_5752658.html。

4. 《欧洲可持续发展报告准则》（ESRS）：https://finance.ec.europa.eu/capital-markets-union-and-financial-markets/company-reporting-and-auditing/company-reporting/corporate-sustainability-reporting_en#legislation。

5. 联合国工业发展组织发布的《标准与数字化转型：数字时代的良好治理手册》：https://www.unido.org/news/standards-digital-transformation-good-governance-digital-age。

6. 美国国家标准与技术研究院（NIST）发布的《人工智能风险管理框架1.0》：https://nvlpubs.nist.gov/nistpubs/ai/NIST.AI.100-1.pdf。

7. 联合国教育促进公正计划（education for justice，E4J）：http://www.unodc.org/e4j/。

8. 美国管理学会的社会管理分部（Social Issues in Management，SIM）：https://sim.aom.org/home。

附录 II

企业社会责任量表（员工测评）

问卷使用说明

1. 企业社会责任问卷由六个方面组成：社区、自然环境、员工、供应商、客户和股东导向的企业社会责任。问卷结构效度 $\chi^2(549) = 900.31$，$p < 0.001$，SRMR = 0.052，CFI = 0.95，RMSEA = 0.039。该六项的 Cronbach's alpha 分别为 0.86，0.83，0.82，0.84，0.86，0.85。

2. 所有项目均采用 6 分量表（1 代表"非常不同意"，6 代表"非常同意"）来测量企业社会责任的重要程度。

---

1. 面向社区的企业社会责任[一]

我们公司在贫困国家投资人道主义项目

我们公司为人道主义事业和慈善机构提供资金支持

我们公司通过赞助学校、体育赛事等方式，为所在地区的居民改善福祉做出贡献

我们公司投资于改善发展中国家人口健康的项目（例如疫苗接种、对抗艾滋病等）

我们公司支持非政府组织和类似协会，如联合国儿童基金会、红十字会，并给贫困人群提供急救医疗服务

我们公司向所在地区的贫困人群和弱势群体提供经济援助

我们公司在自然灾害和/或事故发生时，协助受灾人口和当地居民

2. 面向自然环境的企业社会责任

我们公司采取行动来减少与业务活动相关的污染（例如选择材料、生态设计和减少不必要排放等）

我们公司为节约资源和能源做出贡献（例如回收利用、废物管理等）

我们公司投资于改善产品和服务的生态质量

我们公司尊重并促进生物多样性（即物种的多样性）保护

我们公司衡量其活动对自然环境的影响（例如核算碳排放、减少温室气体排放等）

我们公司投资清洁技术和可再生能源

我们公司鼓励员工采取环保行为（例如垃圾分类、节约用水和用电），以保护自然环境

[一] AKREMI A E, GOND J P, SWAEN V, et al. How do employees perceive corporate responsibility? Development and validation of a multidimensional corporate stakeholder responsibility scale[J]. Journal of management, 2018, 44(2): 619-657.

（续）

3. 面向员工的企业社会责任
我们公司实施相关政策以改善员工工作中的福祉
我们公司促进员工的安全与健康
我们公司在招聘和晋升政策中不存在任何形式的歧视（例如年龄、性别、残疾、种族或宗教信仰等）
我们公司支持工作机会平等政策（例如性别平等政策）
我们公司鼓励员工在工作场所具有多样性特点
我们公司在员工遇到困难时提供帮助（例如医疗护理、社会救助）
我们公司支持员工的工作和生活平衡（例如弹性工作时间、兼职工作、灵活工作安排）

4. 面向供应商的企业社会责任
我们公司努力确保所有供应商（包括分包商），不论其所在地，都要遵守现行劳动法
我们公司确保供应商（包括分包商）在其工作场所遵守司法规则
我们公司关注所有供应商（包括分包商），不论其所在地，都要遵守劳动法
我们公司不会与违反劳动法的供应商（或分包商）继续合作
我们公司协助供应商（包括分包商）改善其员工的工作条件（例如安全工作环境等）

5. 面向客户的企业社会责任
我们公司检查提供给客户的产品和/或服务的质量
我们公司乐于帮助客户并给他们提供关于产品和/或服务的建议
我们公司重视对客户的承诺
我们公司投资于有利于客户的创新
我们公司确保所有客户均可获得我们的产品和/或服务

6. 面向股东的企业社会责任
我们公司尊重所有股东的财务利益
我们公司确保与股东的沟通透明且准确
我们公司采取行动确保股东的投资获得长期和可持续的回报
我们公司确保股东对战略决策具有有效的影响力

附录 III

伦理型领导自测/他测问卷

问卷使用说明:

1. 领导者可以用该问卷进行自测,或让员工根据问卷对自己打分。
2. 所有项目均采用5分量表(1代表"非常不同意",5代表"非常同意")来测量伦理型领导力的程度。
3. 黄磊等作者[一]采用了我国样本的研究成果,在高层领导样本中,内部一致性系数为0.93;在一线管理者样本中,内部一致性系数为0.92。

我自己/我的领导……
1. 在个人生活上遵守道德标准
2. 对成功不仅仅以结果来衡量,同时也看重达成结果的方式
3. 倾听员工们的声音
4. 会惩罚那些违反道德标准的员工
5. 可以做出公平的、能够协调各方利益的决定
6. 值得被信任
7. 与员工们讨论商业伦理或道德价值
8. 以身作则彰显如何从道德伦理的角度正确地处理事情
9. 顾及员工们的利益
10. 在做决定时会问"(从道德伦理的角度来看)什么是我们该做的"

注:问卷来源于Brown和合作者于2005年开发的量表,由黄磊翻译。[二]

[一] HUANG L, PATERSON T A. Group ethical voice: influence of ethical leadership and impact on ethical performance[J]. Journal of management, 2017, 43(4): 1157-1184.

[二] BROWN M E, TREVIÑO L K, HARRISON D A. Ethical leadership: a social learning perspective for construct development and testing[J]. Organizational behavior and human decision processes, 2005, 97: 117-134.

附录 IV

责任型领导自测 / 他测问卷

问卷使用说明

1. 领导者可以用该问卷进行自测，或让员工根据问卷对自己打分。
2. 所有项目均采用 5 分量表（1 代表"非常不同意"，5 代表"非常同意"）来测量责任型领导力的程度。
3. 文鹏等作者[①]采用了我国华南地区两家生产科技产品的企业的样本，内部一致性系数为 0.88。

> 我自己 / 我的领导……
> 1. 我的上级会表明其意识到利益相关者的诉求
> 2. 我的上级会充分考虑决策结果对利益相关者的影响
> 3. 我的上级会让受影响的利益相关者参与到决策过程中
> 4. 我的上级会在决策前权衡不同利益相关者的诉求
> 5. 我的上级会促使受影响的利益相关者达成一致的意见

注：问卷来源于 Voegtlin 于 2011 年开发的量表。[②]

---

① 文鹏，夏玲，陈诚. 责任型领导对员工揭发意愿与非伦理行为的影响[J]. 经济管理，2016, 38(7)：82-93.
② VOEGTLIN C. Development of a scale measuring discursive responsible leadership[J]. Journal of business ethics, 2011, 98: 57-73.

附录 V

中国企业 ESG 报告评级指标

《中国企业 ESG 报告评级标准》由中国企业社会责任报告评级专家委员会牵头编制。该评级标准从以下七项指标对 ESG 报告的质量进行评级。[一]

1. **过程性**：评价企业 ESG 报告编制过程是否规范，报告在利益相关方沟通、合规要求响应、ESG 绩效监控方面是否发挥了作用。
2. **实质性**：考查企业在 ESG 报告中是否披露 ESG 重点议题及其识别过程、企业运营对利益相关方的重要和实质影响。
3. **完整性**：评估企业 ESG 报告披露指标覆盖《中国企业社会责任报告指南（CASS-ESG 5.0）》或其分行业指南中关键绩效指标的比例。
4. **平衡性**：考查企业在 ESG 报告中是否披露了实质性的负面信息及整改举措。
5. **可比性**：考查企业是否披露了连续数年的历史数据和行业数据，以及是否对披露统计方法和核心指标的统计口径做出了说明。
6. **可读性**：从报告篇章结构、排版设计、语言、图表等各个方面对报告的通俗易懂性进行评价。
7. **可及性**：从报告发布时效性、发布渠道、获取方式等方面对报告的时效性和获取便捷性进行评价。

[一] https://finance.sina.com.cn/wm/2023-03-17/doc-imymehce1334889.shtml。